# Die Tora lebt

Noch vor dem Morgengrauen kommen die Deutschen. Es ist kaum fünf Uhr am Freitag, dem 1. September 1939. Ein metallisches Kreischen erfüllt die Luft über dem polnischen Städtchen Wieluń. Sturzkampfbomber rasen auf den schlafenden Ort hinab. 800 Meter über den Dächern klinken sie die Bomben aus. Wohnhäuser explodieren, eine Kirche steht in Flammen, das Krankenhaus stürzt ein. Kinder im Nachthemd laufen umher, blutverschmiert. Tote liegen auf den Straßen. Zwei Mal kommen die Bomber zurück, etwa 400 Menschen sterben. Fast die Hälfte der 16.000 Einwohner ist jüdisch. Es ist der erste Luftangriff des Zweiten Weltkrieges und das erste Verbrechen der Wehrmacht. Rauch steht über Wieluń. Auch die Synagoge brennt. Ein Mensch läuft trotzdem hinein und sucht nach dem Toraschrank. Die Rolle hat schon Feuer gefangen, aber er kann die Flammen ausschlagen. Erinnert er sich an dieses Wort aus dem 1. Jahrhundert? Mit dem die Juden sich Mut machten, nachdem die Römer Jerusalem angezündet und sie alle vertrieben hatten? »Wenn auch der Tempel gefallen ist«, so heißt es seitdem, »die Tora kann niemals zerstört werden.« Heute ist sie im Militärhistorischen Museum in Dresden zu sehen. **FLO**

**FRONTBESUCH:** Hitler mit Offizieren im September 1939 zwischen Łódź und Warschau

# Der Weg in den Krieg

Seit Wochen wird er beworben: der »Reichsparteitag des Friedens« am 2. September 1939. Eine böse Ironie der Geschichte, dass die Propagandaschau kurzfristig abgesagt werden muss – wegen einer Terminüberschneidung mit dem Krieg. Hitler lässt lieber in Polen als in Nürnberg aufmarschieren.

Am 1. September 1939 entfesselt das Deutsche Reich den mörderischsten Krieg der Geschichte. Sechs lange Jahre dauert das Schlachten auf fast allen Erdteilen und allen Weltmeeren. Eine nie gesehene Orgie der Gewalt, mit ungeheurem Menschenhunger: Der Zweite Weltkrieg fordert 60 Millionen Tote, mehr als die Hälfte davon Zivilisten. Allein den deutschen Massenverbrechen fallen 13 Millionen Menschen zum Opfer.

Dieses Heft beschreibt den Weg in das Inferno. Schon im Sommer 1938 liegt Krieg in der Luft, aber noch stillt Hitler seinen Appetit auf Annexionen am Konferenztisch. Erst als die Wehrmacht im März 1939 in Prag einmarschiert, wird eine rote Linie überschritten. Viel ist darüber spekuliert worden, ob sich der Krieg zu diesem Zeitpunkt noch hätte verhindern lassen. Ob die Geschichte anders verlaufen wäre, wenn Chamberlain säbelrasselnder, Polen gefügiger, Stalin friedfertiger aufgetreten wäre.

Die Beiträge dieses Heftes zeigen, warum die Chance auf Frieden 1939 nicht genutzt wurde – weil es sie nicht gab. Fast alle Autoren ergründen unweigerlich die Rolle Hitlers, des alleinigen Dirigenten deutscher Außenpolitik. Für Hitler war Krieg keine Möglichkeit unter vielen, sondern Gesetz der Natur, unabwendbare Logik im Lebenskampf. In seiner Welt brauchte das »Volk ohne Raum« dringend einen Raum ohne Volk, ein Imperium in den Weiten Osteuropas, dessen Bewohner unterjocht, vertrieben, vernichtet werden sollten. Spätestens im April 1939 stand für den Diktator fest, dass der Weg dorthin über Polen führt.

Nur mit Gewalt hätten die Westmächte Hitler stoppen können. Warum haben sie ihn so lange gewähren lassen? Wie viele Zugeständnisse darf man einem derartigen Kriegstreiber machen? Wann müssen Demokratien in den Krieg ziehen, um *»bandit nations«*, wie US-Präsident Roosevelt die Achsenmächte Deutschland, Italien und Japan nannte, in ihre Schranken zu weisen? Fragen, die über 1939 hinausweisen: Bis heute ist »Appeasement« ein historisches Warnschild für Diktatorenversteher.

Vor dem Herbst 1939 und sogar noch in den ersten Monaten des Krieges hätten die Westmächte mit einiger Erfolgsaussicht gegen Deutschland losschlagen können. Sie taten es nicht, weil sie sich Illusionen hingaben, weil die Bevölkerung kriegsmüde war und die Erinnerung an den Ersten Weltkrieg sie lähmte. So war es im November 1939 allein der schwäbische Schreinergeselle Georg Elser, der entschlossen handelte. Seine Zeitbombe sollte Hitler töten. Doch auch sie hat den richtigen Zeitpunkt verpasst.

FRANK WERNER
*Chefredakteur*

# 2/19 INHALT

**Gegen den Strom**
Von Fritz Thyssen bis Sophie Scholl: Vier Deutsche, die den Krieg ablehnten.
Seite 33, 49, 83 und 95

➤ Weitere Texte im Internet: www.zeit.de/zeit-geschichte

**TITEL:** Deutscher Soldat an der Ostfront 1941 (Original bearbeitet)

# Geknipster Krieg

Erst Partisanenjagd, dann Waschtag: Wie der deutsche Offizier Kurt Seeliger den Überfall auf Polen im September 1939 mit der Kamera festhält

**DECKUNG VOR FLIEGERN** Kurt Seeliger (l.) und Soldaten seiner Einheit am 5. September bei einer Pause. Ihren Wagen haben sie in eine Scheune gefahren

Ende August 1939 fotografiert Kurt Seeliger idyllische Szenen planschender Kameraden. Dann Panzerspähwagen, zerstörte Städte, Flüchtlinge. Seeliger ist einer von 1,5 Millionen deutschen Soldaten, die am 1. September in Polen einfallen. Tag für Tag dokumentiert er mit der Kamera.

Seeliger, 44 Jahre, vierfacher Vater, Offizier, führt eine motorisierte Beobachtungsabteilung der 13. Infanterie-Division. Die Soldaten sollen feindliche Artilleriestellungen auskundschaften, um das eigene Geschützfeuer zu leiten. Kurz nach dem Angriff überquert seine Einheit die Grenze bei Breslau und bewegt sich auf einer Linie knapp 100 Kilometer südlich von Warschau nach Osten. Anfang Oktober erreichen sie die Gegend um Lublin.

Seeliger hält den deutschen Vormarsch und den eigenen Kriegsalltag fest, fotografiert aber auch die Menschen des eroberten Landes. Mehr als einmal tauchen auf seinen Bildern Juden und angebliche »Heckenschützen« auf, die neben den regulären polnischen Soldaten zu den gefährlichsten Feinden gezählt wurden.

Die Auswahl der Motive und ihre spätere Beschriftung lassen erkennen, wie ein deutscher Soldat den Krieg in Polen sah – und welche Vorurteile er gegenüber der Bevölkerung hegte, die vielen als fremd, feindlich und minderwertig galt.

Nach dem Feldzug vergrößerte Seeliger die Originale, klebte sie auf Pappe und schuf so eine Art Fotoalbum. Er datierte, nummerierte und kommentierte es handschriftlich; wahrscheinlich damit andere Soldaten Abzüge bestellen konnten.

Ein Konvolut aus 96 Aufnahmen überließ Seeligers Enkel der Gedenk- und Bildungsstätte Haus der Wannsee-Konferenz in Berlin mit der Bitte, die Bilder der Öffentlichkeit zugänglich zu machen.

**WIELUŃ BRENNT**
Seeliger erreicht das polnische Städtchen zwei Tage nach dem verheerenden Angriff deutscher Sturzkampfbomber. Für die Zerstörung ihrer Häuser sind aus seiner Sicht die Einwohner selbst verantwortlich

3.9.39.
Das brennende Wielun,
das bald einem Trümmerhaufen glich. Die nachrückenden
Truppen wurden aus allen Häusern von den Zivilisten
heftig angegriffen, sodaß die Zerstörung der Stadt
unvermeidlich war.

»**3.9.39.** Das brennende Wielun, das bald einem Trümmerhaufen glich. Die nachrückenden Truppen wurden aus allen Häusern von den Zivilisten heftig angegriffen, sodaß die Zerstörung der Stadt unvermeidlich war.«

**FURCHT VOR PARTISANEN**
Seeliger schildert, wie deutsche Soldaten angebliche »Baumschützen« festnehmen und einen Pfarrer ermorden. Meist werden auch die vermeintlichen Freischärler erschossen. Bei den Männern auf dem Bild handelt es sich der Kleidung nach jedoch um reguläre polnische Soldaten, die wahrscheinlich den Kontakt zur Front verloren haben

8.9.1939.

Auf dem Marktplatz in Drevica wurden zwei polnische Baumschützen vorgeführt.
Kurz darauf wurde ein Unteroffizier hinter der Kirche ins Knie geschoßen.
Da der Schuß aus dem Pfarrhause abgegeben worden war, wurde der Pfar-
rer verhaftet und, als er mit uns Pfarrei und Kirche durchsuchen mußte
und im Turm einen Soldaten von der Leiter stoßen wollte, erschossen.

»**8. 9. 1939.** Auf dem Marktplatz in Drevica wurden zwei polnische Baumschützen vorgeführt. Kurz darauf wurde ein Unteroffizier hinter der Kirche ins Knie geschoßen. Da der Schuß aus dem Pfarrhause abgegeben worden war, wurde der Pfarrer verhaftet und, als er mit uns Pfarrei und Kirche durchsuchen mußte und im Turm einen Soldaten von der Leiter stoßen wollte, erschossen.«

**ENDLICH PANZER**
Auf dem Weg nach Osten gerät Seeligers Trupp in feindliches Feuer »aus allen Richtungen«. Die Beschreibung zeigt, wie schnell die Soldaten in Gefechten die Orientierung verlieren konnten – oft der Grund für eine »Heckenschützen«-Panik. Erleichterung macht sich breit, als man in einem Waldstück deutschen Panzern begegnet

9-10.9.1939.

Der Marsch auf Warschau ist für Teile der Division abgeblasen. Unser I.R. 33
und 66 sind gestern vor Warschau eingetroffen. Wir werden mit dem Rest der
der Division bei Radom eingesetzt. Die Sonne brennt unbarmherzig und der Staub
setzt sich wie eine Kruste auf alles. Es geht nur sehr langsam vorwärts über

**»9–10. 9. 1939.** Der Marsch auf Warschau ist für Teile der Division abgeblasen. Unser I. R. [Infanterie-Regiment] 33 und 66 sind gestern vor Warschau eingetroffen. Wir werden mit dem Rest der der [sic] Division bei Radom eingesetzt. Die Sonne brennt unbarmherzig und der Staub setzt sich wie eine Kruste auf alles. Es geht nur sehr langsam vorwärts über Odrzyvol, Klwov, Przytyk, Jedlin. Gegen Morgen fuhren wir durch das geräumte Radom in Richtung Kozienice. Da aus allen Richtungen geschossen wurde, wußte keiner, was vorn und hinten war. Die Nacht wurde wieder durchgefahren, ohne Licht im dichten Staub. Die Wege waren grundlos, nichts war zu sehen, jeder fuhr blindlings in der Richtung des vor ihm brummenden Motors seines Vordermannes. Wehe dem Fahrzeug das liegen blieb. Die Augen brannten vor Staub und Überanstrengung. Als die Sonne aufging, überholten uns Panzerabteilungen im Walde vor Slezki.«

**TOTE FASSADEN**
Wo der Krieg wütet, hinterlässt er Schutt und Asche. In Zwoleń (oder in Radomsko, so die spätere Bleistiftnotiz) hält Seeliger fest, wie wenig von der Ladenzeile am Markt noch zu erkennen ist

14.9.1939.

Marktplatz in Zwolen. x)

**»14. 9. 1939.** Marktplatz in Zwolen.«
[Mit Bleistift x hinter Zwolen, unten rechts Nachtrag: »x) Radomsko (vergl. IV 1)«]

x) Radomsko (vergl. IV 1)

**IDYLL IM SPÄTSOMMER**
Derselbe Tag, derselbe Krieg. Bei Annów nördlich von Zwoleń legen die Soldaten eine Ruhepause ein

14.9.1939.

Ruhe- und Waschtag in Anow.

**»14. 9. 1939.** Ruhe- u. Waschtag in Anow.«

**»ZUR ARBEIT«** Im zerstörten Zwoleń führt ein grinsender deutscher Soldat im weißen Drillich eine Gruppe gläubiger Juden zur Zwangsarbeit. Im Album kommentiert Seeliger das Bild voller Zynismus

18.9.1939.
Zwolen.
Sie werden freundlich zur Arbeit aufgefordert.

**»18.9.1939.** Zwolen. Sie werden freundlich zur Arbeit aufgefordert.«

**SPOTT UND HÄME**
Ein ums andere Mal finden sich im Album Bilder von Einheimischen, die Seeliger abschätzig kommentiert. Nicht Mitleid mit der ärmlich gekleideten Frau im Dörfchen Antoniówka spricht aus seinem Kommentar, sondern pures Ressentiment

Die „Hupfdohle"
hütete die Gänse und die Kühe, wurde aber von der Panje-
familie nur im Kartoffelkeller geduldet. Sie war lahm,
hatte die Krätze und saß voller Läuse.

»Die ›Hupfdohle‹ hütete die Gänse und die Kühe, wurde aber von der Panjefamilie nur im Kartoffelkeller geduldet. Sie war lahm, hatte die Krätze und saß voller Läuse.«

# »Raumnot« als Obsession

Für Hitler ist der Krieg unausweichlich. Dabei gilt ihm die Revision von Versailles nur als Etappenziel – wie besessen verfolgt der Diktator den Plan, »Lebensraum im Osten« zu erobern

VON VOLKER ULLRICH

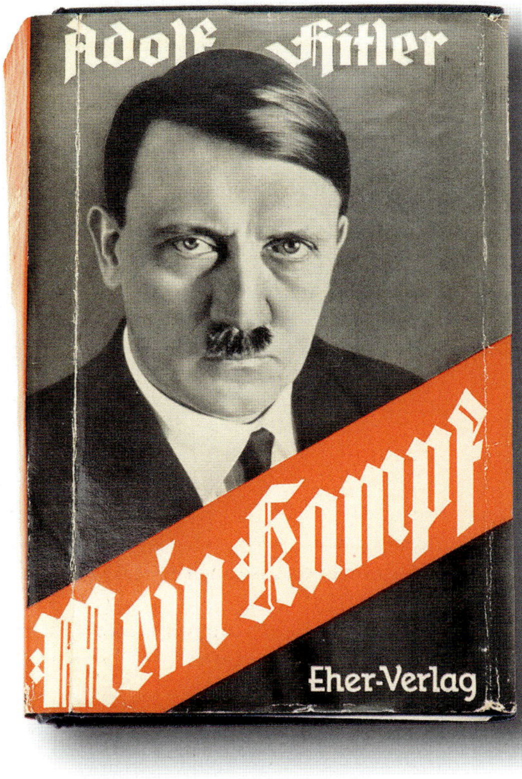


**BLUT FÜR BODEN**
Nehme man Hitlers Hetzschrift »Mein Kampf« ernst, so bemerkt ein britischer Diplomat im Herbst 1933, müsse man Deutschland umgehend den Krieg erklären. Ausgabe aus dem Jahr 1939

Am Abend des 3. Februar 1933, nur vier Tage nach seiner Ernennung zum Reichskanzler, stattete Hitler den Befehlshabern von Heer und Marine seinen Antrittsbesuch ab. Der Gefreite des Ersten Weltkriegs fühlte sich inmitten der hohen Offiziere sichtlich unwohl und machte nach allen Seiten linkische Verbeugungen. Erst als er nach dem Essen zu einer zweistündigen Rede ansetzte, verlor er seine Befangenheit. Erstaunlich offen legte er dar, was er sich für die nächsten Jahre vorgenommen habe.

Als erstes Ziel seiner Außenpolitik nannte Hitler den »Kampf gegen Versailles«. Der Aufbau der Wehrmacht sei dafür die wichtigste Voraussetzung: »Allgemeine Wehrpflicht muss wieder kommen.« Was geschehen sollte, wenn Deutschland seine Großmachtstellung wiedererlangt haben würde, ließ Hitler noch offen. Aber er sprach von zwei Optionen, wobei er die Generalität nicht im Unklaren ließ, welche er favorisierte: »Vielleicht Erkämpfung neuer Export-Möglichkeiten, vielleicht – und wohl besser – Eroberung neuen Lebensraums im Osten und dessen rücksichtslose Germanisierung.«

Für die Militärs dürften diese Ankündigungen eigentlich nicht überraschend gekommen sein. Seit Beginn seiner Karriere in den frühen Zwanzigerjahren hatte der Münchner Demagoge nie einen Hehl daraus gemacht, dass er, einmal an der Macht, den Versailler Vertrag – von ihm wie von der gesamten deutschen Rechten als »Schandfrieden« gebrandmarkt – außer Kraft setzen wollte. Die grundlegende Revision der Nachkriegsordnung von 1919/20 bedeutete für Hitler jedoch nur einen Zwischenschritt. Bereits im ersten Band seiner Hetzschrift *Mein Kampf* hatte er das weiter gehende Ziel der Eroberung von »Lebensraum« ins Spiel gebracht. Seit er im Herbst 1926 den zweiten Band von *Mein Kampf* beendet hatte, zog sich die »Raumfrage« als Dauerthema durch seine Reden.

Im Sommer 1928 nutzte Hitler einen Aufenthalt auf dem Obersalzberg, um seine außenpolitischen Ansichten noch einmal in größerem Zusammenhang darzulegen. Das Manuskript, das er schließlich nicht zur Veröffentlichung freigab, hat der amerikanische Historiker Gerhard L. Weinberg 1961 unter dem Titel *Hitlers Zweites Buch* herausgegeben. Darin entwickelte der NSDAP-Vorsitzende die grundlegenden Gedankengänge, die er zu dieser Zeit auch öffentlich immer wieder vortrug: Oberster Grundsatz im »Lebenskampf eines Volkes« müsse sein, für ein ausgeglichenes Verhältnis zwischen Bodenfläche und Bevölkerung zu sorgen. Die Kunst der Außenpolitik bestehe also darin, dem Volk den »jeweils notwendigen Lebensraum« zu sichern. Das einzige Gebiet, das für eine solche raumgreifende »Bodenpolitik« infrage komme, liege »im Osten«. Allein schon aus diesem Grund, versicherte Hitler, sei ein Bündnis mit der Sowjetunion ausgeschlossen. Stattdessen sollte Deutschland versuchen, mit Italien und England zusammenzugehen.

**In den ersten Jahren seiner Regierung** vermied es Hitler sorgfältig, in der Öffentlichkeit auch nur ein Wort über seine weitreichenden expansiven Pläne fallen zu lassen. Denn er musste damit rechnen, dass insbesondere Frankreich die forcierte deutsche Wiederaufrüstung nicht stillschweigend hinnehmen, sondern ihr womöglich mit einem Präventivkrieg begegnen würde. So war der Reichskanzler bemüht, seine wahren Absichten zu verschleiern und die europäischen Mächte durch demonstrative Gesten des Friedenswillens zu beruhigen.

Diesem Zweck diente auch seine erste große außenpolitische Rede vor dem Reichstag am 17. Mai 1933. Darin unterstrich er die Forderung nach Gleichberechtigung Deutschlands, verwarf aber zugleich jeden Gedanken an ein gewaltsames Vorgehen: »Kein neuer europäischer Krieg wäre in der Lage, an Stelle der unbefriedigenden Zustände von heute etwas Besseres zu setzen [...]. Es ist der tiefernste Wunsch der nationalen Regierung des Deutschen Reiches, eine solche unfriedliche Entwicklung durch ihre aufrichtige und tätige Mitarbeit zu verhindern.«

In der Rolle des scheinbar gemäßigten, verständigungsbereiten Politikers wirkte Hitler so überzeugend, dass selbst die durch Verfolgung bereits dezimierte SPD-Reichstagsfraktion der Regierungserklärung zustimmte. Und auch im Ausland war das Echo überwiegend positiv. »Gestern hat die Welt zum ersten Mal den Staatsmann Hitler gesehen«, kommentierte die Londoner *Times.*

Auch in der Außenpolitik betrieb Hitler höchst erfolgreich das Spiel der Täuschung und Überrumpelung, mit dem er in der Phase der »Machtergreifung« seine konservativen Bündnispartner ausmanövriert hatte. Und wie diese schätzten auch die meisten ausländischen Diplomaten Hitler falsch ein. Sie glaubten, dass er sich in der Regierungsverantwortung mäßigen und von seinen vor 1933 geäußerten extremen Positionen distanzieren werde. Nehme man dagegen den Autor von *Mein Kampf* beim Wort, so bemerkte im Herbst 1933 der britische Botschafter in Berlin, Sir Eric Phipps, dann müsse man sofort einen »Präventivschlag« gegen Deutschland führen. Da ein solcher aber nicht infrage komme, sollte man versuchen, Hitler in seinem Aktionsdrang zu zähmen und ihn in ein System kollektiver europäischer Sicherheit einzubinden. Die britische Deutschlandpolitik der kommenden Jahre, die unter dem Begriff des Appeasement in die Geschichtsbücher eingehen sollte, war damit vorgezeichnet.

Wie wenig Hitlers Friedensbeteuerungen zu trauen war, zeigte sich bereits Mitte Oktober 1933, als er Deutschlands Austritt aus dem Völkerbund verkündete und damit der in Genf tagenden Abrüstungskonferenz den Todesstoß versetzte. Zum ersten Mal bediente Hitler sich jener doppelgleisigen Strategie, die er künftig immer wieder anwenden sollte: Ohne Rücksicht auf diplomatische Gepflogenheiten schuf er vollendete Tatsachen und federte die damit verbundenen Risiken durch vernebelnde Rhetorik, versöhnliche Gesten und lockende Angebote ab.

> »Wir schließen endlich ab die Kolonial- und Handelspolitik der Vorkriegszeit und gehen über zur Bodenpolitik«
>
> Hitler 1926 in »Mein Kampf«

Bereits am 26. Januar 1934 folgte der nächste Paukenschlag: Das Deutsche Reich und Polen gaben den Abschluss eines Nichtangriffspakts bekannt. Er war auf zehn Jahre angelegt und verpflichtete beide Seiten, sich über alle Streitfragen friedlich zu verständigen. Dieser Schritt erregte begreiflicherweise einiges Aufsehen. Denn er bedeutete anscheinend einen Bruch mit der bisherigen Linie deutscher Außenpolitik, die sich mit den im Versailler Vertrag verfügten Gebietsabtretungen an Polen, insbesondere mit der Existenz des »Korridors«, der das Reich und Ostpreußen voneinander trennte, niemals abgefunden hatte.

Mit dem deutsch-polnischen Nichtangriffspakt wurde ein wichtiger Eckstein aus dem französischen Sicherheitssystem in Osteuropa, dem *cordon sanitaire,* herausgebrochen. Zugleich konnte Hitler das Arrangement mit Polen dazu nutzen, seine immer wieder beteuerte Friedensliebe unter Beweis zu stellen. Allerdings war mit dem Gewaltverzicht keine Anerkennung der territorialen Integrität Polens, also ein »Ost-Locarno«, verbunden. Eine Revision der bestehenden Grenzen in Osteuropa verlor der Diktator nie aus den Augen, auch wenn er sich hütete, darüber öffentlich etwas verlauten zu lassen.

**Zunächst konzentrierte Hitler** seine Bemühungen darauf, sich der Fesseln des Versailler Vertrages zu entledigen. Eine erste Gelegenheit dazu bot die Volksabstimmung an der Saar im Januar 1935. Im Friedensvertrag war das Saargebiet unter die Vormundschaft des Völkerbunds gestellt worden. Die Bevölkerung sollte nach 15 Jahren darüber entscheiden, ob sie zu Deutschland oder Frankreich gehören wollte oder ob der Status quo, das Mandat des Völkerbunds, aufrechterhalten werden sollte. Am 13. Januar stimmten 90,8 Prozent der Wähler für eine Wiedervereinigung mit dem Deutschen Reich. »Wir kommen allmählich aus dem Dilemma heraus. Erster großer außenpolitischer Sieg«, notierte Propagandaminister Joseph Goebbels.

Nur zwei Monate später verblüffte Hitler die Welt mit einem weiteren Coup. Am 16. März 1935 verkündete er die Wiedereinführung der allgemeinen Wehrpflicht. Die Zahl der Divisionen sollte auf 36 erhöht werden: Das bedeutete ein Friedensheer von 550.000 Mann, fünfeinhalbmal größer als die im Versailler Vertrag festgelegte Truppenstärke der Reichswehr.

»Hitler hat blitzschnell gehandelt, [...] offenbar unter dem Eindruck, dass jetzt – wenn jemals – die richtige Zeit zum Handeln und zum Durchkommen ist, und alles sieht so aus, als ob er damit durchkommen wird«, bemerkte William Shirer, Korrespondent einer amerikanischen Nachrichtenagentur in Berlin. Er sollte recht behalten. Zwar verurteilten England, Frankreich und Italien im April 1935 auf einer Konferenz in Stresa am Lago Maggiore die »einseitige Aufkündigung von Verträgen« durch das Deutsche Reich. Doch konkrete Schritte für den Fall, dass Hitler seine Politik der Vertragsbrüche fortsetzen sollte, wurden nicht vereinbart. Bereits im Juni 1935 scherte England aus der »Stresa-Front« aus, als es ein Flottenabkommen mit dem »Dritten Reich« abschloss, das es der deutschen Marine erlaubte, die eigene Flotte auf bis zu 35 Prozent der britischen Stärke auszubauen.

Gleichzeitig näherten sich Deutschland und Italien einander an. Im Oktober 1935 begann Mussolini seinen Feldzug gegen Abessinien, der sich rasch zu einem der grausamsten Kolonialkriege der neueren Geschichte ausweitete. Der Völkerbund verurteilte die italienische Aggression und verhängte Sanktionen. Hitler erkannte sofort die Vorteile, die er aus der Situation ziehen konnte – nämlich einen Keil zwischen Italien und die Westmächte zu treiben und so die »Stresa-Front« endgültig zum Einsturz zu bringen. Er half den Italienern, die Sanktionen des Völkerbunds zu unterlaufen, indem er kriegswichtige Rohstoffe und Waren lieferte. Im Gegenzug erklärte Mussolini im Januar 1936, Italien werde sich bei künftigen deutschen Vertragsbrüchen nicht mehr zur Solidarität mit Frankreich und England verpflichtet fühlen.

**So sah sich der deutsche Diktator ermutigt,** seinen nächsten Überraschungscoup vorzubereiten: die Besetzung der linksrheinischen Gebiete, deren Status als entmilitarisierte Zone im Versailler Vertrag festgelegt und im Locarno-Pakt von 1925 bekräftigt worden war. Am 7. März 1936 rückten deutsche Truppen ins Rheinland ein. Von allen außenpolitischen Manövern Hitlers nach 1933 war dieses zweifellos das riskanteste. Hitler war sich dessen durchaus bewusst. Nach glaubwürdigem Zeugnis hat er die 48 Stunden nach dem Einmarsch als »die aufregendste Zeitspanne« seines Lebens bezeichnet. Hätten Frankreich und England den neuerlichen eklatanten Vertragsbruch mit einer militärischen Intervention beantwortet, dann hätten sich die deutschen Truppen zurückziehen müssen – und Hitlers Herrschaft hätte diese schwere Schlappe womöglich nicht überdauert. Doch die Westmächte beließen es erneut bei verbalen Protesten.

Nicht nur die Militärs, auch die Diplomaten im Auswärtigen Amt hatten Hitler vor dem Risiko der Rheinlandbesetzung gewarnt. Nun standen sie als kleinmütige Bedenkenträger da. Auf das Selbstbild des Diktators konnte der leicht errungene Triumph nicht ohne Wirkung bleiben. In seinem Hang zum Vabanque, zum Spiel um alles oder nichts, war er noch einmal bestärkt worden, ja zusehends glaubte er sich mit höheren Mächten im Bunde. »Weder Drohungen noch Warnungen werden mich von meinem Weg abbringen. Ich gehe mit traumwandlerischer Sicherheit den Weg, den mich die Vorsehung gehen heißt«, verkündete er am 14. März 1936 in München.

Während eines Besuchs der Wagner-Festspiele in Bayreuth Ende Juli 1936 entschloss sich Hitler, an der Seite General Francos in den Spanischen Bürgerkrieg einzugreifen. Diese Entscheidung beschleunigte den Prozess der Annäherung an Italien; die beiden Mächte stimmten ihre Militärhilfe für Franco ab. Auch auf diplomatischer Ebene intensivierten sich die Kontakte. Am 1. November 1936 feierte Mussolini in einer Rede in Mailand die deutsch-italienische Kooperation. Er sprach von einer »Achse Berlin–Rom« als dem künftigen Gravitationszentrum der europäischen Politik.

> »Eroberung neuen Lebensraums im Osten und dessen rücksichtslose Germanisierung«
>
> Hitler am 3. Februar 1933 vor Befehlshabern von Heer und Marine

Ein Bündnis mit Italien hatte Hitler bereits in *Mein Kampf* und seinem *Zweiten Buch* von 1928 als erstrebenswert bezeichnet. Sein anderer Wunschpartner war England. Doch waren die deutsch-britischen Beziehungen nach Abschluss des Flottenabkommens vom Juni 1935 nicht recht vorangekommen, obwohl es Hitler nicht an werbenden Gesten fehlen ließ. Was ihm vorschwebte, war ein Bündnis mit weltpolitischer Perspektive: Deutschland sollte »freie Hand in Osteuropa« bekommen, während es umgekehrt Englands Suprematie zur See anerkennen würde. Doch für ein solches Arrangement, das unweigerlich eine deutsche Hegemonie auf dem Kontinent ermöglicht hätte, konnte keine britische Regierung die Hand bieten.

So begann Hitler nach Alternativen zu suchen. Vor diesem Hintergrund rückte die fernöstliche Großmacht Japan stärker ins Visier der deutschen Politik. Am 25. November 1936 wurde in Berlin der »Antikominternpakt« zwischen Deutschland und Japan mit deutlicher Spitze gegen die Sowjetunion unterzeichnet. Im November 1937, wenige Wochen nach einem mit großem Pomp inszenierten Staatsbesuch Mussolinis in Deutschland, trat Italien dem Pakt bei.

**In seiner Reichstagsrede** zum vierten Jahrestag der »Machtergreifung« am 30. Januar 1937 erklärte Hitler, »die Zeit der Überraschungen« sei nunmehr vorüber. Tatsächlich dachte er aber gar nicht daran, sich mit dem Erreichten zufriedenzugeben. Vielmehr hielt der Diktator nun den Zeitpunkt für gekommen, von der Revisions- zur Expansionspolitik überzugehen. In einem nächtlichen Gespräch mit seinem Intimus Goebbels Mitte März 1937 nannte er die beiden Ziele, auf die sich seine Expansionsgelüste zunächst richten sollten: »Er spricht von Österreich und der Tschechoslowakei. Beide müssen wir haben zur Abrundung unseres Gebietes.«

Hitlers Raumhunger ging jedoch weit darüber hinaus. Der Anschluss Österreichs und die Annexion der Tschechoslowakei sollten nur eine Zwischenstufe sein auf dem Weg zum Eroberungskrieg gegen die Sowjetunion, mit dem der Diktator die »Raumfrage« ein für alle Mal lösen wollte. Die zunehmende Ungeduld, die er dabei an den Tag legte, hatte auch eine ganz persönliche Ursache: Er fürchtete, wie seine Eltern früh zu sterben. Im Herbst 1937 wurde das Gefühl, keine Zeit mehr verlieren zu dürfen, geradezu zur Obsession. Er habe, so verkündete er Ende Oktober in einer geheimen Ansprache vor den Propagandaleitern der Partei, »nach menschlichem Ermessen nicht mehr lange zu leben«. Daher sei es »notwendig, die Probleme, die gelöst werden müssten (Lebensraum!), möglichst bald zu lösen«.

## »Unabänderlicher Entschluss, spätestens 1943/45 die deutsche Raumfrage zu lösen«

Hitler am 5. November 1937 vor den Spitzen der Wehrmacht

Am 5. November 1937 rief Hitler die Oberbefehlshaber von Heer, Marine und Luftwaffe, Werner von Fritsch, Erich Raeder und Hermann Göring, zu einer Besprechung in die Reichskanzlei. Auch Kriegsminister Werner von Blomberg und Außenminister Constantin Freiherr von Neurath nahmen teil. In einem zweistündigen Monolog legte Hitler die Grundlinien seiner künftigen Außenpolitik in aller enthüllenden Deutlichkeit dar: 85 Millionen Deutsche hätten ein »Anrecht auf größeren Lebensraum«; die »Lösung der Raumnot« sei daher die zentrale Aufgabe der deutschen Politik. Sie solle »spätestens 1943/45« in Angriff genommen werden – das sei »sein unabänderlicher Entschluss«. Zu einem wesentlich früheren Zeitpunkt, möglichst schon 1938, sollte jede sich bietende Gelegenheit genutzt werden »zur Erledigung der tschechischen und österreichischen Frage«.

Grundsätzlich hatten die anwesenden Militärs gegen eine Angliederung Österreichs und der Tschechoslowakei nichts einzuwenden. In wilhelminischem Großmachtdenken befangen, sahen auch sie in einer deutschen Hegemonie auf dem Kontinent ein erstrebenswertes Ziel. Doch befürchteten sie, Hitler könne in seiner Ungeduld einen europäischen Krieg vom Zaun brechen. Diese Bedenken suchte Hitler mit dem Einwand zu zerstreuen, dass England und Frankreich mit ihrer Aufrüstung noch nicht fertig seien und daher das Risiko eines Krieges scheuen würden.

Hitler wusste nun, dass seine Kriegspläne unter führenden Vertretern der Generalität und der Diplomatie keine vorbehaltlose Unterstützung finden würden. Ende Januar/Anfang Februar 1938 spielte ihm die Affäre um Blomberg und Fritsch die Chance zu, die beiden Militärs, die ihm am heftigsten widersprochen hatten, zu entlassen und ein großes Revirement an der Spitze von Wehrmacht und Auswärtigem Amt vorzunehmen. Er selbst übernahm den Oberbefehl über die Wehrmacht. Das Kriegsministerium wurde aufgelöst; an seine Stelle trat das Oberkommando der Wehrmacht unter General Wilhelm Keitel. Im Auswärtigen Amt musste Neurath seinen Posten frei machen für den bisherigen Botschafter in London, Joachim von Ribbentrop – wie Keitel ein bedingungsloser Gefolgsmann Hitlers.

**Am 12. Februar 1938 bestellte Hitler** den österreichischen Bundeskanzler Kurt Schuschnigg auf seine Alpenresidenz, den »Berghof«, und presste ihm unter Androhung militärischer Gewalt das sogenannte Berchtesgadener Abkommen ab. Darin musste sich die Regierung in Wien verpflichten, den Nationalsozialisten Arthur Seyß-Inquart zum Innenminister zu ernennen und die eigene Außen-, Wirtschafts- und Militärpolitik eng mit der des Deutschen Reiches abzustimmen. Schuschnigg hoffte, wenigstens einen Rest der österreichischen Unabhängigkeit bewahrt zu haben; für Hitler jedoch läutete das Abkommen die letzte Phase seiner Anschlusspolitik ein.

Als Schuschnigg am 9. März überraschend seine Absicht bekannt gab, eine Volksabstimmung für ein freies und unabhängiges Österreich abzuhalten, spielte er Hitler ungewollt in die Karten. Am 10. März befahl der deutsche Diktator eine militärische Intervention, die den Charakter eines von der österreichischen Bevölkerung begrüßten »friedlichen Einmarsches« haben sollte. Tatsächlich stieß die Wehrmacht am 12. März nirgendwo auf Widerstand. Hitler selbst, der am Nachmittag die Grenze bei Passau passierte und sich nach Linz begab, wurde überall begeistert empfangen. Unter dem Eindruck der Triumphfahrt beschloss er, den Anschluss Österreichs unmittelbar zu vollziehen.

Am Vormittag des 15. März verkündete der Diktator vom Balkon der Wiener Hofburg: »Als der Führer und Kanzler der deutschen Nation und des Reiches melde ich vor der Geschichte den Eintritt meiner Heimat in das Deutsche Reich.« Bei der Volksabstimmung am 10. April sprachen sich nach offiziellen Angaben

99,75 Prozent der Österreicher für den Anschluss aus – mehr noch als im »Altreich« (99,08 Prozent). In dem hysterischen Vereinigungstaumel ging fast unter, was sich zur gleichen Zeit an Hass und Gewalt gegen die jüdischen Bürger Wiens austobte.

Nur wenige Tage nach dem Anschluss Österreichs fasste Hitler das nächste Ziel ins Auge: die Zerschlagung der Tschechoslowakei. Als Hebel wollte er die sudetendeutsche Minderheit benutzen. Ende März 1938 gab er dem Führer der Sudetendeutschen Partei, Konrad Henlein, die Direktive, unter der Parole »Heim ins Reich« so hohe Forderungen zu stellen, dass sie von der Prager Regierung unmöglich erfüllt werden könnten. Am 30. Mai unterzeichnete der Diktator die Weisung für den »Fall Grün«: Es sei sein »unabänderlicher Entschluss, die Tschechoslowakei in absehbarer Zeit durch eine militärische Aktion zu zerschlagen«. Systematisch heizte die deutsche Propaganda die Spannungen an.

Im August 1938 musste Generalstabschef Ludwig Beck, der gegen Hitlers Kriegspläne Protest eingelegt hatte, seinen Hut nehmen. Unterdessen wuchs in der deutschen Bevölkerung die Angst vor einem Krieg. Im September erreichte die Krise ihren Höhepunkt. Zweimal flog der britische Premierminister Neville Chamberlain nach Deutschland, um Hitler zu einer Verhandlungslösung zu drängen. Am 28. September, nur zwei Stunden vor Ablauf eines deutschen Ultimatums an die Prager Regierung, konnte der Krieg durch Vermittlung Mussolinis noch einmal abgewendet werden. Für den folgenden Tag wurde eine Konferenz der vier Mächte – Deutschland, England, Frankreich, Italien – nach München einberufen.

Im »Führerbau« am Königsplatz setzten Hitler, Chamberlain, Mussolini und der französische Ministerpräsident Daladier am 30. September ihre Unterschrift unter das Münchner Abkommen. Es verlangte die Abtretung der sudetendeutschen Gebiete. Ihre Besetzung durch die Wehrmacht sollte bereits am 1. Oktober beginnen und bis zum 10. Oktober abgeschlossen sein. England und Frankreich gaben eine Beistandsgarantie für den tschechoslowakischen Rumpfstaat ab.

Obwohl Hitler abermals einen großen Erfolg errungen hatte, war er mit dem Ergebnis alles andere als zufrieden. Denn die große Lösung, die Zerschlagung der Tschechoslowakei, war ihm verwehrt geblieben. Und keinen Augenblick dachte er daran, dieses Ziel aufzugeben. »Sein Entschluss, einmal die Tschechei zu vernichten, ist unerschütterlich«, notierte Goebbels nach einem Gespräch am 2. Oktober, nur zwei Tage nach Unterzeichnung des Münchner Abkommens. Am 21. Oktober erging eine neue Weisung an die Wehrmacht zur »Erledigung der Rest-Tschechei«. Parallel zu den militärischen Vorbereitungen ermutigte Hitler die separatistischen Bestrebungen der slowakischen Landesregierung unter Jozef Tiso.

Am 10. Februar 1939 wiederholte Hitler in der Berliner Krolloper in einer nicht für die Öffentlichkeit bestimmten Rede vor den Truppenkommandeuren des Heeres, was er bereits am 3. Februar 1933 und am 5. November 1937 vor den Spitzen der Militärs enthüllt hatte. Er habe sich vorgenommen, »das deutsche Raumproblem zu lösen«. »Nehmen Sie zur Kenntnis«, erklärte er unmissverständlich, »dass, solange ich lebe, [...] dieser Gedanke mein ganzes Dasein beherrschen wird.« Dabei werde er »auch vor dem Äußersten nie zurückschrecken«.

**In den Morgenstunden des 15. März 1939** überschritten die deutschen Truppen die tschechische Grenze. In der Nacht zum 16. März diktierte Hitler auf dem Hradschin den Erlass über die Errichtung des »Reichsprotektorats Böhmen und Mähren«. Gleichzeitig wurde die Slowakei auf Bitten Tisos unter den Schutz des »Großdeutschen Reiches« gestellt. Hitlers »Griff nach Prag« sorgte in London für ein böses Erwachen. Chamberlain musste erkennen, dass das Münchner Abkommen das Papier nicht wert war, auf das man es geschrieben hatte. Die Appeasement-Politik, die von der Vorstellung ausgegangen war, man könne Hitler durch Entgegenkommen beschwichtigen, war endgültig gescheitert.

Hitler wähnte sich auf dem Gipfel seines Triumphes. »Ich werde als der größte Deutsche in die Geschichte eingehen«, tönte er. Doch in Wirklichkeit hatte er mit dem Bruch des Münchner Abkommens eine rote Linie überschritten. Er hatte, für jedermann sichtbar, die Maske des friedliebenden Revisionspolitikers fallen gelassen, und dahinter war die gewaltsame Natur seines Regimes zum Vorschein gekommen, das im Grunde auf schrankenlose Expansion angelegt war.

Am 31. März 1939 gaben die britische und die französische Regierung eine Garantieerklärung für die staatliche Unabhängigkeit Polens ab – des Landes, auf das sich, wie unschwer zu erkennen war, Hitlers Vernichtungswut als Nächstes richten würde. Am 11. April befahl Hitler der Wehrmacht, den Angriff auf Polen vorzubereiten. So zeichnete sich die Konstellation ab, die nur wenige Monate später in den Zweiten Weltkrieg führen sollte. ■

> »80 Millionen Menschen müssen ihr Recht bekommen«
>
> Hitler am 22. August 1939 vor hohen Offizieren

VOLKER ULLRICH *ist Historiker, Journalist und Mitherausgeber von ZEIT Geschichte*

# »Noch nie so viele Menschen schweigen gehört«

**DIE FAUST GEBALLT**
Einwohner Prags protestieren am 15. März 1939 in der Nähe des Wenzelsplatzes gegen die deutschen Besatzer

**DEUTSCHER GRUSS**
Nur wenige Meter entfernt, in der Straße »Am Graben«, bejubeln andere Prager die einrückenden Soldaten

Im März 1939 erpresst Deutschland die Tschechoslowakei, die Wehrmacht marschiert in Prag ein. Noch lassen die Alliierten Hitler gewähren VON GERHARD PAUL

Es ist Mittwoch, der 15. März 1939. Das Wetter ist nasskalt, einige Schneeflocken fallen. Durch die Straßen Prags rollen an diesem Tag Kübel- und Lastwagen der Wehrmacht. Einem Fotografen gelingt gegen zehn Uhr eine Aufnahme, die den Einzug der Deutschen in die tschechische Hauptstadt und die Reaktionen der Einwohner einfängt. Vor seiner Kamera fahren zwei Soldaten der Wehrmacht anscheinend unbeeindruckt vom Geschehen in Richtung Prager Burg, des Hradschin. Eine Kette tschechischer Polizisten trennt die beiden von aufgebrachten, weinenden, die Faust zum Protest ballenden Demonstranten. Zu sehen sind vor allem jüngere Passanten und eine Frau. Viele der Protestierenden sind Studenten, die auf dem Weg zur Universität waren, als sie vom Einmarsch der Deutschen erfuhren. Auch einige Schüler sind an die Straßenecke Am Graben/Wenzelsplatz (Na příkopě/Václavské náměstí) geeilt. Darunter ein Junge, der eine Kappe in der Hand hält und seinen Blick direkt auf die Soldaten richtet. Er scheint zu weinen.

Wer das Foto gemacht hat, ist bis heute nicht zweifelsfrei geklärt. Am wahrscheinlichsten ist, dass es von Josef Mucha stammt, einem Fotografen der tschechischen Presse- und Nachrichtenagentur Česká tisková kancelář (ČTK). Anders als das berühmte Bild von der Demontage des polnischen Schlagbaums am 1. September 1939 bei Danzig ist Muchas Foto eine Momentaufnahme, ein Schnappschuss. Auch deshalb, weil hinter der nächsten Straßenecke andere Prager Bürger die einrückenden Deutschen mit Hitlergruß und Hakenkreuzfähnchen begrüßen – eine Szene, die sich in den folgenden Monaten und Jahren noch einige Male in Europa wiederholen wird.

Ein Beobachter des Geschehens ist der böhmisch-jüdische Dichter und Diplomat Camill Hoffmann, ehemals Presseattaché der tschechoslowakischen Botschaft in Berlin. Er beschreibt die in der Fotografie festgehaltene Szene so: »Der Tag ist grau, neblig, Schneegestöber, die Straßen vereist. Der Einmarsch war gewiß eine Gewaltleistung. Ich fahre im Autobus in die Stadt, der Autobus bleibt Am Graben stecken, Ecke Graben – Wenzelsplatz ein Meer von Menschen, von Schutzleutenketten schwer zurückgehalten. Lautes langes Massenpfeifen, dann wieder ›Kde domov můj‹ [die Hymne der Tschechen], Fäuste über den Köpfen. Wenn sich das wiederholt, sage ich mir, gibt es Blutvergießen. Die Erregung ist ungeheuer, die Stimmung düster. Sonst ist die Menge erstaunlich diszipliniert.«

Andere Akzente als Hoffmann setzt die Prager Journalistin und Schriftstellerin Milena Jesenská, die einst zum engeren Freundeskreis Franz Kafkas gehörte. Sie schildert, wie widersprüchlich die Stimmung an diesem Tag war. Neben verzweifelte Resignation und stillen Protest trat opportunistische Anpassung: »Wie sonst fuhren Arbeiter und Angestellte zur Arbeit, und wie sonst waren die Straßenbahnen überfüllt. Nur die Menschen waren anders. Sie standen da und schwiegen. Noch nie habe ich so viele Menschen schweigen gehört. Auf den Straßen gab es keine Ansammlungen. Es wurde nicht diskutiert. In den Büros hob keiner auch nur den Kopf vom Schreibtisch. [...] Am 15. März 1939, um fünf nach halb neun, rückte das Heer des Deutschen Reiches auf der Narodní ein. Auf den Bürgersteigen strömten die Menschen wie gewohnt. Niemand sah hin, niemand drehte sich um. Die deutsche Bevölkerung aber hieß das deutsche Heer willkommen.«

Vor ein paar Tagen habe sie ein Gespräch mit einem Deutschen gehabt, einem Nationalsozialisten, berichtet Jesenská: »Geradezu verlegen fragte er mich: Wie erklären Sie mir, daß eine derart große Zahl Tschechen zu uns kommt und mit Heil Hitler grüßt?

Tschechen? Das muß ein Irrtum sein.

Es ist keiner. Sie kommen zu uns auf die Ämter, heben den rechten Arm und sagen Heil Hitler.

Warum?

Ich könnte Ihnen von einem Schriftsteller erzählen, der sich eifrig darum bemüht [...], daß seine Dramen in Berlin aufgeführt werden. Ich könnte Ihnen von vielen erzählen, die uns im Übereifer mehr entgegenkommen, als sie müssen, ja sich geradezu abstrampeln.«

**Der Einmarsch der Wehrmacht** in den tschechischen Rumpfstaat glich – wie das Foto Muchas zeigt – eher einer Spazierfahrt in ein Nachbarland als einer gewaltsamen Besetzung. Vorausgegangen waren dem am 15. März 1939 besiegelten Untergang der Tschechoslowakei die Sudetenkrise vom Frühjahr 1938, das Münchner Abkommen vom 30. September 1938 sowie unmittelbar zuvor, am 14. März 1939, die Abtrennung des slowakischen Landesteils.

Um den Rücken frei zu haben für einen künftigen Feldzug in Westeuropa, lag die Zerschlagung der demokratischen und hoch gerüsteten Tschechoslowakei von Beginn an in Hitlers Kalkül. Die Abtrennung des Sudetengebiets unter dem Vorwand des Selbstbestimmungsrechts der dort lebenden deutschstämmigen Mehrheitsbevölkerung war nur der erste Schritt. Den Kriegsdrohungen Hitlers, die eine europäische Krise ausgelöst hatten, versuchten England, Frankreich

**NEUE HERREN** Der tschechische Präsident Emil Hácha (im schwarzen Mantel) beugt sich dem deutschen Druck. Am 5. April nimmt er mit Hitlers neuem Statthalter Konstantin von Neurath (links) an der deutschen Siegesparade teil

und Italien durch ein Agreement zu begegnen: Auf der Münchner Konferenz vom 29. und 30. September 1938 gaben sie einerseits den Forderungen Hitlers nach Anschluss des Sudetenlandes an das Deutsche Reich nach, andererseits garantierten sie der Tschechoslowakei den Bestand ihres Reststaates. Bereits am 1. Oktober 1938 marschierten deutsche Truppen in das Sudetenland ein. Polen nutzte die Schwächung seines Nachbarlandes im Südwesten und annektierte das etwa 900 Quadratkilometer große Olsagebiet, das ehemalige Herzogtum Teschen, das nach dem Ersten Weltkrieg gegen den Widerstand Polens der Tschechoslowakei zugesprochen worden war.

Die britisch-französische Appeasement-Politik besänftigte Hitler jedoch keineswegs, im Gegenteil, sie bestärkte ihn nur in seinem Handeln. Drei Wochen nach der Münchner Konferenz gab der Diktator seinen Generalen Anweisungen zur »Erledigung der Rest-Tschechei«: Sie sollten sich auf einen Einmarsch vorbereiten. Bestärkt durch den Ausgang der Konferenz, forderte er im Januar 1939 Prag ultimativ auf, aus dem Völkerbund auszutreten, seine Pakt-Vereinbarungen mit Paris und Moskau aufzukündigen, die Armee drastisch zu verkleinern, dem Antikominternpakt beizutreten, gegen die Juden des Landes die Nürnberger Gesetze anzuwenden, den Nationalsozialisten im Land freie Betätigung einzuräumen und dem Deutschen Reich den Großteil der Goldreserven auszuliefern – andernfalls mache er Schluss mit der Tschechoslowakei. Nachdem die meisten dieser Forderungen bis Mitte Februar 1939 erfüllt waren, begann Hitler den Bruderkrieg zwischen Tschechen und Slowaken anzuheizen und die Unabhängigkeitserklärung der Slowakei zu erzwingen, die am 14. März 1939 erfolgte.

Noch im Laufe desselben Tages eilte der tschechoslowakische Staatspräsident Emil Hácha nach Berlin. In einem nächtlichen Gespräch in der Reichskanzlei drohten ihm Hitler und Göring mit der Bombardierung Prags und einer gewaltsamen Invasion, da die feindselige Haltung der Tschechen gegen die Deutschen nicht nachgelassen habe. Man sei nun mit der Geduld am Ende: Um sechs Uhr werde die Wehrmacht in die »Rest-Tschechei« einmarschieren. Nur wenn der Einmarsch in erträglicher Form erfolge und nicht auf Widerstand stoße, könnten dem tschechi-

**GERECHTE TSCHECHIN**
Die Schriftstellerin Milena Jesenská hilft Juden bei der Flucht. Yad Vashem ehrt sie später als »Gerechte unter den Völkern«

schen Rumpfstaat ein großzügiges Eigenleben und eine gewisse Freiheit gewährt werden.

Hácha gab dem massiven deutschen Druck nach und legte »das Schicksal des tschechischen Volkes und Landes vertrauensvoll in die Hände des Führers des Deutschen Reiches«. Gegen vier Uhr am Morgen des 15. März besiegelte er mit seiner Unterschrift die Unterwerfung unter das Diktat Hitlers. Telefonisch forderte Hácha die tschechischen Militärbefehlshaber auf, keinen Widerstand zu leisten. So erschien die deutsche Invasion nach außen als ein rechtskräftiger Akt, der im Einvernehmen mit den verfassungsmäßigen Vertretern des Landes vereinbart worden war.

Zeitgleich mit der Besiegelung des Berliner Diktats kündigte der Prager Rundfunk den unmittelbar bevorstehenden Einmarsch an und forderte die Bevölkerung auf, sich der Wehrmacht nicht zu widersetzen. Zwei Stunden später überquerten die ersten deutschen Einheiten die Grenze, unter ihnen der spätere Hitler-Attentäter Claus Graf von Stauffenberg, damals Generalstabsoffizier bei der 1. leichten Division aus Wuppertal.

**Die Besetzung** des tschechischen Rumpfstaates verlief für die Wehrmacht ohne größere Zwischenfälle. Hitler selbst traf noch am Abend des 15. März in Prag ein, wo er die Nacht symbolträchtig auf dem Hradschin verbrachte. Am kommenden Tag verkündete er, die Tschechoslowakei habe aufgehört zu existieren. Noch am 16. März wurde das »Reichsprotektorat Böhmen und Mähren« errichtet, unter Führung des ehemaligen deutschen Außenministers Konstantin Freiherr von Neurath, dem die Aufsicht über die Kollaborationsregierung unter Präsident Hácha oblag. Per Führererlass erklärte Hitler das besetzte Gebiet zu einem Teil des Großdeutschen Reiches mit begrenzter Selbstverwaltung.

»Die Operation ist gelungen«, notierte Propagandachef Goebbels am 16. März zufrieden in sein Tagebuch, da aus »Paris und London [...] keinerlei Reaktionen zu verzeichnen« gewesen seien. Und weiter: »In Prag alles ruhig. Bisher kein Zwischenfall. Vollste Ordnung. Die Besetzung des ganzen Gebietes ist bis zum späten Abend vollzogen. Ein Meisterstück militärischer Organisation.«

Tatsächlich war der Einmarsch keineswegs nur eine militärische Operation. Der Wehrmacht folgten Angehörige der Geheimen Staatspolizei und zwei Einsatzgruppen, die mehrere Tausend tschechische Bürger, vor allem Kommunisten und Juden, sowie Hunderte deutsche Emigranten festnahmen. Deren Namen waren bereits seit Juni 1938 auf schwarzen Listen in Deutschland zusammengetragen worden. Im Rahmen der »Aktion Gitter«, die bis Mai 1939 andauerte und an der auch die tschechische Polizei beteiligt war, wurden zwischen 5000 und 6000 Menschen verhaftet, unter ihnen knapp 750 deutsche Emigranten.

Der Einmarsch löste eine Fluchtwelle aus. Schon kurz nach der Besetzung flohen Tausende aus dem »Protektorat« – Juden, Kommunisten und andere Verfolgte, aber auch junge Männer und Soldaten, die vom Ausland aus für die Befreiung ihrer Heimat kämpfen wollten. 2000 bis 3000 deutsche Emigranten, die seit 1933 in der Tschechoslowakei Zuflucht gefunden hatten, konnten im letzten Augenblick nach Polen entkommen.

Mit den Nationalsozialisten hielten auch die Nürnberger Rassengesetze Einzug im tschechischen Nachbarland. Angesichts der Abschottung des westlichen Auslands, das seine Grenzen für jüdische Flüchtlinge weitgehend dicht gemacht hatte, gelang nur einem kleinen Teil der jüdischen Bevölkerung die Flucht aus ihrer besetzten Heimat.

Der Junge auf dem Foto mit der Kappe in der Hand wurde später nach Auschwitz deportiert und dort vergast. Auch Camill Hoffmann, der Diplomat und Schriftsteller, geriet in den Sog des Holocausts. Über das KZ Theresienstadt kam er im Oktober 1944 nach Auschwitz, wo er ebenfalls ermordet wurde. Milena Jesenská, die Freundin Kafkas, hatte sich nach dem Einmarsch dem Widerstand gegen die Besatzer angeschlossen. Sie half Juden und Emigranten bei der Flucht. Im November 1939 geriet sie selbst ins Netz der Gestapo. Sie starb 1944 im KZ Ravensbrück.

Josef Mucha, der Pressefotograf, überlebte die Besetzung seiner Heimat. Nach der Befreiung vom Nationalsozialismus arbeitete er erneut für die Nachrichtenagentur ČTK. Seine heute sehr bekannte Aufnahme vom 15. März 1939 stieg nur langsam zur Ikone der tschechischen Geschichte auf. Das Foto passte nicht in das nach dem Zweiten Weltkrieg verordnete Heldenbild vom Kampf des tschechischen und slowakischen Volkes gegen die deutschen Besatzer, hatte es doch eher dem besonnenen Verhalten seiner Ordnungskräfte und dem stillen Protest der Ohnmächtigen ein Denkmal gesetzt. Es provozierte auch deshalb, weil es belegte, dass der Einmarsch der Deutschen eher die Form einer Spazierfahrt als einer kriegerisch-gewaltsamen Eroberung hatte.

Heute sind solche Widerstände verblasst. Neben der Aufnahme von Ladislav Bielik vom August 1968 aus Bratislawa, die den Arbeiter Emil Gallo zeigt, der mit nackter Brust vor einem russischen Panzer gegen die Zerschlagung des »Prager Frühlings« protestiert, illustriert Muchas Foto wie kein anderes Bild das tschechoslowakische Doppeltrauma im 20. Jahrhundert.

**Völkerrechtlich** war der deutsche Einmarsch ein eindeutiger Bruch des Münchner Abkommens. Er erhöhte die Spannungen mit den westlichen Alliierten erheblich. Vom Selbstbestimmungsrecht der Völker war auf deutscher Seite keine Rede mehr: Erstmals nach dem Ersten Weltkrieg war ein souveräner Staat in Europa gewaltsam unterworfen, aufgelöst und teilannektiert worden – der Beginn der Zerstörung der politischen und territorialen Ordnung, wie sie sich nach 1918 herausgebildet hatte.

Großbritannien, Frankreich, Polen, die USA und die Sowjetunion erkannten Hitlers Annexion konsequenterweise nicht an. Die Vereinigten Staaten reagierten prompt, indem sie auf alle deutschen Importe, einschließlich der Waren aus dem »Protektorat«, einen Zuschlagzoll verhängten. Trotz der in München abgegebenen Garantieerklärungen blieb es auf britischer und französischer Seite bei einer verbalen Verurteilung des deutschen Vorgehens; zu groß war die Angst vor einem Krieg. Entgegen ihrer bisherigen Appeasement-Politik gaben jedoch beide Länder am 31. März eine Garantieerklärung für das nun von Hitler bedrohte Polen ab.

Dem »Dritten Reich« bescherte die Zerschlagung der Tschechoslowakei einen beträchtlichen Zuwachs seines militärischen Potenzials. Noch während des Einmarsches hatte man begonnen, Rüstungsgüter im großen Stil nach Deutschland zu transportieren. Militärhistoriker sind sich einig, dass die nachfolgenden Überfälle auf Polen und Frankreich ohne die Waffen aus der Tschechoslowakei so schnell vermutlich nicht erfolgt wären.

Dem Einmarsch in Prag folgte nur fünf Tage später die Forderung des Deutschen Reiches nach Rückgabe des durch den Versailler Vertrag von Ostpreußen abgetrennten und 1924 durch Litauen annektierten Memellandes. Unter dem Eindruck der deutschen Aggression zog Litauen am 22. März 1939 seine Truppen und seine Beamten aus dem Gebiet ab. Kurz darauf rückten auch hier deutsche Soldaten ein. Hitler befand sich auf dem Zenit seiner Macht. Anfang April erteilte er der Wehrmacht die Weisung, den Überfall auf Polen vorzubereiten. ■

GERHARD PAUL *ist Seniorprofessor für Geschichte und ihre Didaktik an der Universität Flensburg*

# »Der dümmste Soldat in Europa«

Als Hitler im April 1939 den Angriff auf Polen vorbereiten lässt, muss er die Generale nicht überzeugen. Ein altes Feindbild bereitet den Boden für Vernichtungsfantasien und Hasspropaganda

VON SVEN OLIVER MÜLLER

So umstritten unter den Befehlshabern des deutschen Heeres im Herbst 1938 der Angriff auf die Tschechoslowakei war, so widerspruchslos nahmen die Offiziere ein halbes Jahr später die Kriegspläne gegen Polen hin. Als Hitler im April 1939 den »Fall Weiß« anwies, bemerkte Generalstabschef Franz Halder, dass manchem im Offizierskorps mit dem Ende des »Freundschaftsverhältnisses« zum Nachbarn »ein Stein vom Herzen gefallen« sei. Polen stand nun endlich dort, wo es aus Sicht vieler Generale hingehörte: auf der Seite der Feinde.

Die Gegnerschaft zu Polen hatte in der Wehrmachtführung Tradition. Der polnische Nationalstaat war im November 1918 auch als Folge der Niederlage des Deutschen Kaiserreiches wiedererstanden. Deshalb verknüpften führende deutsche Militärs und Politiker die polnische Frage mit der Zukunft Deutschlands. Vielen Offizieren galt die Rückgewinnung der verlorenen Ostgebiete als nationales Gebot, um die Schmach von 1918 zu tilgen. Mit offenem Hass prognostizierte Generaloberst Hans von Seeckt, der Chef der Reichswehr, bereits 1922: »Polens Existenz ist unerträglich, unvereinbar mit den Lebensbedingungen Deutschlands. Es muß verschwinden und wird verschwinden durch eigene, innere Schwäche und durch Rußland – mit unserer Hilfe.«

Angesichts der heimlichen Rüstungskooperation mit der Sowjetunion stellten Reichswehroffiziere wie Oberstleutnant Joachim von Stülpnagel 1924 sogar ihren Antibolschewismus zurück und erklärten Frankreich und Polen zu den Hauptgegnern. Über solchen Pragmatismus weit hinaus reichte die Polenfeindschaft im ostelbischen Landadel. Hier hoffte man auf eine koloniale Zukunft, wie der deutschkonservative Politiker Ewald von Kleist-Schmenzin 1926 in einem Aufsatz erkennen ließ: »Welch ein Jungbrunnen östlich unserer Grenze erworbenes Kolonialland bei unbeschränkten Siedlungsmöglichkeiten wäre, bedarf keiner Ausführung.«

Die Tradition des nationalen Feindbildes, flankiert von tief sitzenden antislawischen und antisemitischen Ressentiments, ebnete Hitler im April 1939 den Weg. Der Oberbefehlshaber der Wehrmacht musste seine Generale nicht überzeugen, als er Polens Existenzrecht infrage stellte. Eduard Wagner, Oberst im Generalstab, bezeichnete den Angriffskrieg gegen das Nachbarland als »naturgegeben« und frohlockte im Juli 1939: »Mit den Polen hoffen wir rasch fertigzuwerden und freuen uns offen gestanden darauf.« Dass die polnische Armee »kein ernst zu nehmender Gegner« sei, hatte Generalstabschef Halder schon im April gegenüber höheren Offizieren erläutert. In seinen »Erwägungen zum kommenden Krieg gegen Polen« führte Halder aus, dass es sich beim polnischen Heer »nur um große Haufen notdürftig ausgebildeter Mannschaften« handele, »die im Krieg gegen das deutsche Reichsheer gar keine Chance haben. Hier sprechen auch Fragen der Allgemeinbildung mit – der polnische Soldat ist wohl der dümmste in Europa, wenn man etwa von Rumänien absieht.«

Als Gegner machte die Heeresführung aber nicht nur die polnischen Soldaten, sondern ebenso die Zivilbevölkerung aus. Am 1. Juli 1939 warnte das Oberkommando des Heeres (OKH) in einem Merkblatt, die polnische Bevölkerung sei »fanatisch, verhetzt und zur Sabotage sowie zu Überfällen fähig«. Außerdem könne man in den zu erobernden polnischen Gebieten gerade den Juden nicht trauen: »Die zahlreichen Juden sehen in den Deutschen ihre persönlichen Feinde, sind jedoch gegen Geld zu allem fähig.« Zuvor hatte das OKH schon darauf hingewiesen, dass die »kleinen Judenstädte« in Polen vor allem durch »Gestank und Schmutz« auffielen.

Antisemitische und antislawische Vorurteile gingen in solchen Betrachtungen Hand in Hand. Dass sie auf eine vertrauensunwürdige Bevölkerung treffen würden, die zum Partisanenkrieg neigt, stand für viele Soldaten fest, ehe sie polnischen Boden betraten. Am 26. August warnte ein Offizier der 208. Infanteriedivision vor dem »hinterhältigen Charakter des Slawen«; insbesondere die Geistlichen seien »Träger des Franktireurkrieges«. Der Offizier schlug vor: »Behandlung der Bevölkerung streng [...], gegebenenfalls rücksichtslos durchgreifen.«

Was »rücksichtslos« bedeutete, definierte Hitler wenige Tage vor Kriegsbeginn gegenüber den Befehlshabern der Wehrmacht. Am 22. August 1939 erklärte er vor

**POLNISCHER SCHNITTER**
Wie tief die Ressentiments gegen Polen sitzen, zeigt das Plakat aus Oberschlesien zur Abstimmung über den Verbleib im Deutschen Reich am 20. März 1921

etwa 50 hohen Offizieren auf dem Obersalzberg, dass der Krieg nicht länger aufgeschoben werden könne und anders zu führen sei als gewohnt. Das Ziel sei diesmal nicht »die Erreichung einer bestimmten Linie«, führte Hitler aus, sondern die »Beseitigung der lebendigen Kräfte«, die Vernichtung und »restlose Zertrümmerung Polens«. Der Oberbefehlshaber schwor die Offiziere auf »brutales Vorgehen« und »größte Härte« ein. Es sollte nicht mehr nur darum gehen, die gegnerische Armee zu besiegen, sondern darum, den Feind zu vernichten. Dass einer der hohen Offiziere gegen diese Form der Kriegführung Einspruch erhoben hätte, ist nicht überliefert.

**Als Hitler die Generale** unterrichtete, lief die öffentliche Propagandakampagne gegen Polen längst auf Hochtouren. Nach der Unterzeichnung des deutsch-polnischen Nichtangriffspaktes 1934 war die Presse angewiesen worden, zurückhaltend über den Nachbarn zu berichten, doch seit der deutschen Kehrtwende im April 1939 häuften sich die antipolnischen Schlagzeilen. Skandalmeldungen über den angeblichen Terror gegen die »Volksdeutschen« in Polen sollten die aggressive deutsche Außenpolitik rechtfertigen.

Zunächst konzentrierte sich die Propaganda auf Danzig. Nur die Wiedereingliederung der Stadt ins Deutsche Reich könne die Sicherheit der dortigen »Volksdeutschen« garantieren, lautete die Botschaft. Von August 1939 an standen angebliche polnische Angriffspläne gegen Deutschland auf den Titelseiten: Das Parteiorgan *Völkischer Beobachter* brachte die vermeintliche Gefahr am 5. August als Aufmacher und hetzte gegen die »polnische Annexionspropaganda«. Eine knappe Woche darauf, am 11. August, blies Goebbels' Ministerium endgültig zur Offensive. An die Presse erging die Direktive: »Von jetzt an sollen auch polnische Ausschreitungen gegen Volksdeutsche und Zwischenfälle jeder Art, die von dem Hass der Polen gegen alles Deutsche Kunde geben, auf den ersten Seiten der Zeitungen meldungsmäßig behandelt und kommentiert werden.«

Nun beherrschten bittere Klagen über das Leid der »Volksdeutschen« fast täglich die Schlagzeilen. Aus Erlebnissen Geflohener spannen die Redaktionen Horrorgeschichten über polnische »Räuber«, »Terroristen« und »Mordkommandos«, die hemmungslos über ihre wehrlosen Opfer herfielen. Im *Völkischen Beobachter* las man Tag für Tag Überschriften wie »Polnische Banditen ermorden fünf Monate alten Säugling«, »Volksdeutscher entmannt und zu Tode geprügelt« oder »Hochschwangere Frau und ein vierjähriges Kind mit Kolbenschlägen getötet«. Keine Schlagzeile erschien zu reißerisch, wenn es darum ging, die antipolnische Stimmung anzuheizen.

Auch die Wochenschauen trugen dick auf – und wurden zumindest von kritischen Zuschauern als Inszenierungen entlarvt. Nach einem Kinobesuch notierte der spätere Widerstandskämpfer Ulrich von Hassell am 29. August in sein Tagebuch: »Widerlicher Eindruck des Ausnutzens menschlichen Unglücks zu Propagandazwecken. Vorführen weinender Frauen und Kinder, die mit tränenerstickter Stimme die Leiden in Polen schildern.«

Unschwer als Erfindungen zu erkennen waren die Fotos von Flüchtlingen, die einige Zeitungen veröffentlichten – sie zeigten eine Winterlandschaft.

So unglaubwürdig die vor und während des Polenfeldzugs verbreiteten Gräuelgeschichten im Einzelnen auch sein mochten: Sie verfehlten ihre Wirkung nicht. So berichtete der Sicherheitsdienst (SD) am 12. Oktober 1939 aus Leipzig, die »Veröffentlichungen über die beispiellosen Grausamkeiten an den Volksdeutschen« hätten Zorn provoziert: »Die Folge dieser aufklärenden Propaganda war eine tiefgehende Empörung und eine leidenschaftliche Entrüstung des deutschen Volkes, nicht nur gegen die polnische Zivilbevölkerung, sondern auch gegen das Militär.«

Was hier als Erfolg der Propaganda gefeiert wurde, lässt sich ohne tiefer sitzende Aversionen jedoch nicht verstehen. Ohne das antipolnische Feindbild in den Köpfen hätten die Gräuelgeschichten keine derartige Wirkung entfalten können. Letztlich überzeugte die Hasspropaganda die bereits Hasserfüllten. ■

SVEN OLIVER MÜLLER *ist Historiker an der Universität Tübingen*

# Verlorener Frieden

Fast um jeden Preis will Neville Chamberlain einen Krieg verhindern. Seine Appeasement-Politik scheitert. Trotzdem sieht Hitler den britischen Premier am Ende als Sieger VON ANDREAS KRÄMER

In seinen letzten Lebensmonaten kämpfte Neville Chamberlain einen aussichtslosen Kampf. Wenige Wochen nach seiner Ablösung als britischer Premierminister am 10. Mai 1940 wurde bei ihm eine Krebserkrankung diagnostiziert. Zudem machte er sich Sorgen um seine Lebensbilanz, seinen Platz in der Geschichte. Alles, wofür er gekämpft hatte, lag in Trümmern, seine Arbeit für den Frieden war vergeblich gewesen.

In den drei Jahren seit seiner Regierungsübernahme waren Österreich, die Tschechoslowakei, Polen, Dänemark, Norwegen, die Niederlande, Belgien, Luxemburg und Frankreich in die Hände Hitlers gefallen. Deutschland war nun mit allen relevanten Mächten Eurasiens von Madrid bis Tokio verbündet, die Luftwaffe flog Bombenangriffe auf London und Südengland, und deutsche U-Boote bedrohten die Nachschubrouten des Königreichs über den Atlantik. Großbritannien stand mit dem Rücken zur Wand und sah sich erstmals seit Napoleon mit der Gefahr einer Invasion konfrontiert.

Angesichts dieser verheerenden Bilanz seiner Appeasement-Politik musste Chamberlain sich schon zu Lebzeiten politische Naivität und strategische Blindheit vorwerfen lassen. Ohne Not habe er im Herbst 1938 im Münchner Abkommen die Tschechoslowakei und ihre strategische Schlüsselstellung preisgegeben. Durch schändliche Zugeständnisse habe er die Ehre der Nation verraten und Großbritannien an den Rand des Abgrunds geführt. Die Anschuldigungen gipfelten in dem moralischen Verdikt einer Komplizenschaft mit Hitler.

Das Urteil der Nachwelt fällt meist etwas milder aus. Was die zwölf dramatischen Monate vor Kriegsbeginn betrifft, werden bis heute drei Entscheidungssituationen besonders kritisch beäugt: das Verhalten Chamberlains im Umfeld der Münchner Konferenz im September 1938, die Garantieerklärung für Polen Ende März 1939 sowie das Scheitern der Bündnissondierungen mit Moskau im Sommer 1939. Wie konnte Chamberlain jemals auf Hitlers Wort vertrauen und die Tschechoslowakei ihrem Schicksal

**ZU GAST BEI FEINDEN**
Am 29. September 1938 kommt Neville Chamberlain (im schwarzen Mantel) nach München, um den Krieg abzuwenden. Empfangen wird er von Außenminister Ribbentrop (im braunen Mantel) und Münchens Oberbürgermeister Karl Fiehler (M., in brauner Uniform)

**URLAUB IM AUSLAND**
Hitlers Krieg als Sommerreise: jodelnd nach Österreich, zum Baden nach Danzig, zum Dösen in die Tschechoslowakei. Und als Nächstes? Auf jeden Fall bleibt alles friedlich, wie Engelchen Goebbels verkündet. Wem fallen da schon Panzer und Soldaten auf? Karikatur von David Low, August 1939

überlassen? Warum setzte die Londoner Regierung nach Hitlers Betrug vom März 1939, dem Einmarsch in die Rest-Tschechei, einseitig auf Polen? Und warum wurden die Verhandlungen zum Aufbau einer Abwehrfront unter Einschluss der Sowjetunion im Sommer 1939 nur halbherzig betrieben? Kurzum: War die Appeasement-Strategie ein fataler Irrweg?

**Im Mai 1937** trat Neville Chamberlain sein Amt als Premierminister mit großem Sendungsbewusstsein an. Als Sohn des Empire-Politikers Joseph Chamberlain und Halbbruder des Friedensnobelpreisträgers Austen Chamberlain war er überzeugt, dass nur er in kritischer Zeit die Rolle des Friedensstifters übernehmen könne.

Gefahrenherde gab es während der Dreißigerjahre genug. Zwar hatte das britische Empire seinen Zenit längst überschritten, vertrat aber als einzige Macht an allen drei weltpolitischen Brennpunkten – in Mitteleuropa, im Mittelmeerraum und in Fernost – eigene Interessen. Politisch, ökonomisch und militärisch war das Königreich damit völlig überfordert. Großbritannien war siegreich aus dem Ersten Weltkrieg hervorgegangen, doch in einem erneuten Waffengang gab es nichts mehr zu gewinnen, dafür viel zu verlieren.

Spätestens als sich nach der Annäherung zwischen Berlin, Rom und Tokio eine potenzielle Dreifrontenlage gegen Deutschland, Italien und Japan abzeichnete, wurde Appeasement zur Staatsräson. Konflikte sollten mit diplomatischen Mitteln gelöst und unterhalb der Schwelle eines Krieges gehalten werden. Zugleich wurde die Aufrüstung forciert. Die Appeasement-Politik folgte damit einer an den realen Machtverhältnissen ausgerichteten Doppelstrategie, deren Ziel Zeitgewinn war, um wieder aus einer Position der Stärke agieren zu können.

Chamberlain wollte die britische Deutschland- und Europapolitik neu ausrichten. Berlin und Rom sollten in eine neue Ordnung eingebunden werden. Vor allem mit dem wiedererstarkten Deutschen Reich strebte der Premierminister einen Ausgleich an. Begrenzten deutschen Revisionswünschen in Ostmitteleuropa wollte er entsprechen, sofern diese als Ausdruck des Selbstbestimmungsrechts zu rechtfertigen und auf friedlichem Wege zu erfüllen waren.

Schneller als erwartet erlebte die Appeasement-Strategie 1938 ihre Feuertaufe. Nach dem überraschenden »Anschluss« Österreichs musste Chamberlain verhindern, dass Deutschland weitere Tatsachen schuf. Dabei konnte er allerdings keine Verpflichtungen gegenüber der Tschechoslowakei eingehen, zu deren Rettung die militärischen Mittel fehlten. Wie gefährlich die Lage war, zeigte sich eindrucksvoll in der »Wochenendkrise« vom 21./22. Mai 1938, als Europa am Rand eines Krieges stand. Gerüchte über Angriffspläne deuteten auf einen neuerlichen Überraschungscoup Hitlers hin. Die tschechoslowakische Regierung verfügte eine Teilmobilmachung, und das Londoner Foreign Office sandte eine formelle Warnung an die Reichsregierung. Der befürchtete Angriff blieb zwar vorerst aus, allerdings kündigte Hitler intern an, die Tschechoslowakei am 1. Oktober 1938 zu zerschlagen, und leitete Kriegsvorbereitungen ein.

Im September legte Chamberlain sein ganzes persönliches Gewicht in die Waagschale, um zu retten, was zu retten war. Bei einem Treffen mit

**HÖFLICHER HÄNDEDRUCK**
Auf dem Obersalzberg trifft Chamberlain am 15. September 1938 mit Hitler und dem Chef des Oberkommandos der Wehrmacht, Wilhelm Keitel, zusammen

Hitler wollte er ausloten, ob noch Chancen auf eine friedliche Lösung bestanden. Am 15. September traf er auf dem Obersalzberg und eine Woche später in Bad Godesberg mit dem Diktator zusammen und durchkreuzte so dessen Kriegsplan. Ende September einigten sich Großbritannien, Frankreich, Italien und Deutschland in München auf ein Abkommen, das Deutschland das Sudetenland zusprach, während das Vereinigte Königreich und Frankreich den Bestand der restlichen Tschechoslowakei garantierten. Bei seiner Rückkehr nach London wurde Chamberlain als Friedensbringer bejubelt wie kein britischer Politiker zuvor (und sehr wenige danach).

**Dass der Krieg 1938** nur durch mehr oder minder zufällige Umstände vertagt wurde, ahnte Chamberlain nicht. Vielmehr sah er im Münchner Abkommen einen Schritt zur dauerhaften Befriedung des Kontinents – eine Hoffnung, die wohl erst im Sommer 1939 endgültig schwand. Immerhin hatte Großbritannien eine Atempause gewonnen und konnte seine Aufrüstung weiter forcieren. Die Produktion lief nun voll an, wobei der Schwerpunkt auf dem Aufbau der Royal Air Force lag. Bereits im März 1939 stellte Großbritannien mehr Kampfflugzeuge her als das Deutsche Reich.

Die Hoffnung jedoch, Hitler werde Wort halten und sich mit dem Sudetenland begnügen, trog. Am 15. März 1939 holte der Diktator das im Vorjahr Versäumte nach und ließ die Wehrmacht in Prag einmarschieren. Die Münchner Friedensträume zerplatzten mit einem lauten Knall. Der Premierminister war düpiert und erklärte die Appeasement-Politik für beendet. Danach trafen immer neue Hiobsbotschaften ein: In der zweiten Märzhälfte schien mit der Gleichschaltung der Slowakei, der Angliederung des Memellands sowie der faktischen Einbindung Rumäniens in den großdeutschen Wirtschaftsraum halb Osteuropa binnen weniger Tage in den direkten Einflussbereich Hitlers abzugleiten.

Als Ende März Falschmeldungen kursierten, die von deutschen Angriffsplänen gegen Polen und Rumänien kündeten, war das Maß voll. In einer panikartigen Reaktion erklärten Chamberlain und Außenminister Viscount Halifax am 31. März, man werde sich von Hitler nicht länger an der Nase herumführen lassen und im Fall einer Aggression zu den Waffen greifen: »Nach einer Woche voller Albträume«, schrieb Chamberlain, habe man sich zur Garantieerklärung für die Unabhängigkeit Polens entschlossen.

Was als Akt britischer Selbstbehauptung rasch einen nationalen Konsens stiftete, war jedoch nicht zu Ende gedacht. Die Garantieerklärung für Polen erfolgte aus der blanken Notwendigkeit, nach der Kette von Teilkapitulationen im zurückliegenden Jahr endlich Stellung zu beziehen. Die realen Machtverhältnisse in Osteuropa hatte London dabei ebenso wenig einkalkuliert wie die Präferenzen der polnischen Außenpolitik. Weil man es versäumt hatte, der Warschauer Regierung Zügel anzulegen, musste London im Sommer 1939 ohnmächtig zuschauen, wie sich Polen gegen die Versuche sträubte, eine große Allianz unter Einschluss der Sowjetunion zu bilden. Mit der Garantieerklärung hatte die britische Regierung sich selbst ihrer Handlungsoptionen beraubt und für den Fall einer deutschen Aggression zum Kriegseintritt verpflichtet, ohne dafür militärisch ausreichend gewappnet zu sein.

Die Kritik folgte prompt: »Britannien wurde bewundert, Britannien wurde respektiert, Britannien wurde gehasst, und Britannien wurde gefürchtet, aber ausgelacht wurde es noch nie«, spottete David Lloyd George, der ehemalige Premierminister und Weltkriegssieger. »Wenn morgen der Krieg ausbricht«, konstatierte er vor dem Unterhaus, »können wir kein einziges Bataillon nach Polen schicken.« Außerdem sei es für ihn unverständlich, warum man sich im Vorfeld einer solch ungeheuren Unternehmung nicht des Rückhalts durch die Sowjetunion versichert habe: »Ohne die Hilfe Russlands laufen wir in eine Falle.«

Die »Polengarantie« erwies sich als denkbar ungeeigneter Ausgangspunkt für Sondierungen mit Stalin. Dabei war eine Bündniskonstellation unter Einschluss der Sowjetunion die einzige halbwegs realistische Alternative, um Hitlers Expansionsstreben einzudämmen. Gegenüber Moskau gab es in London allerdings erhebliche ideologische Vorbehalte. Chamberlain waren die Sowjets schlicht suspekt, und einflussreiche Kreise argwöhnten, Stalin wolle in Europa so lange Unruhe stiften, bis ein Krieg ausbreche, an dem er zunächst nicht beteiligt sei. Hinzu kamen erhebliche Zweifel, ob die Sowjetunion infolge der »Säuberungen« durch Stalin überhaupt militärisch in der Lage sei, eine effektive Offensive zu starten.

Im Frühjahr 1939 wurden all diese Bedenken über Bord geworfen. Plötzlich begann ein Wettlauf mit den Deutschen um die Gunst Moskaus, und Großbritannien drohte den Kürzeren zu ziehen. Bereits im März hatte Stalin auf dem 18. Parteikongress der KPdSU vielsagend erklärt, er sei nicht bereit, für andere »die Kastanien aus dem Feuer zu holen«. Die Ablösung des jüdischen Außenministers Maxim Litwinow durch Wjatscheslaw Molotow wurde als weiteres Signal an die Adresse Hitlers verstanden, Hindernisse für eine deutsch-russische Verständigung aus dem Weg zu räumen. In London schrillten die Alarmglocken. Chamberlain wurde im eigenen Kabinett überstimmt; mehrheitlich sprach sich die britische Regierung dafür aus, mit Moskau Bündnisgespräche aufzunehmen.

Langwierige Verhandlungen schlossen sich an, die Ende Juli schließlich zu einem Beistandsvertrag zwischen Großbritannien, Frankreich und der Sowjetunion führten. Dieser trat allerdings nie in Kraft, weil die folgenden Sondierungen über eine Militärkonvention an der Frage eines sowjetischen Durchmarschrechts durch Polen und Rumänien scheiterten – sowie an der Forderung Stalins, die baltischen Staaten in den sowjetischen Machtbereich zu überführen.

Dass sich Stalin im August 1939 zu einem Pakt mit Hitler entschloss, lag daran, dass dieser einen weit höheren Preis zu zahlen vermochte als London und Paris. Statt als Festlandsdegen der Westmächte einen opferreichen Krieg gegen Deutschland zu führen, ohne Aussicht auf nennenswerte Territorialgewinne, schloss Stalin lieber einen Beutevertrag mit Hitler, der ihm halb Osteuropa zusprach.

Der deutsche Einmarsch in Polen am 1. September 1939 und die britisch-französische Kriegserklärung zwei Tage später zerstörten all das, wofür Chamberlain gekämpft hatte. Immerhin ist seinem Konto gutzuschreiben, dass er Hitler im Verwirrspiel der letzten Friedenstage bis zuletzt die alleinige Verantwortung für einen Krieg zugewiesen hat. Eine Fehlspekulation sondergleichen war es allerdings, darauf zu bauen, dass Hitler noch zur Vernunft kommen werde. Dass an der Spitze des Deutschen Reichs ein Spieler stand, der alles auf eine Karte setzte, konnte sich ein Politiker wie Chamberlain kaum vorstellen. Mit Hitler als Gegenpart hatte Appeasement keine Chance.

**In den letzten Briefen** vor seinem Tod am 9. November 1940 äußerte Chamberlain die Hoffnung, dass die Geschichte ihn dereinst wegen des Münchner Abkommens rehabilitieren werde. Chamberlains Name bleibt damit untrennbar verbunden. Niemand kann indes mit Gewissheit sagen, wie die Geschichte verlaufen wäre, wenn der Krieg bereits im Herbst 1938 begonnen hätte. Einiges spricht dafür, dass erst der in München erreichte zeitliche Aufschub den Briten ermöglichte, in den Krieg einzutreten und den Kampf gegen Deutschland erfolgreich zu bestehen.

Der Allerletzte, von dem Chamberlain wohl jemals einen Beitrag zu seiner Ehrenrettung erwartet hätte, war der deutsche Diktator. Doch im Februar 1945 grübelte Hitler über eine Theorie des eigenen Scheiterns. Im Angesicht der bevorstehenden Niederlage kreisten seine Gedanken wiederholt um die Ereignisse von 1938: »Als der plutokratische Bourgeois Chamberlain mit dem friedlichen und trügerischen Regenschirm sich dazu herabließ, auf den Berghof zu fliegen, um mit einem Emporkömmling namens Hitler zu konferieren, da wusste er bereits, dass England uns einmal den Kampf bis aufs Messer ansagen werde. Er war bereit, mir das Blaue vom Himmel zu versprechen, um mich einzuschläfern. Es ging ihm mit seiner plötzlichen Reiselust einzig und allein um Zeitgewinn.« Hitler schlussfolgerte: »Wir haben in München eine einmalige Gelegenheit verpasst, den unvermeidlichen Krieg leicht und rasch zu gewinnen.« Allein dass sich Hitler deswegen grämte, hätte Chamberlain vielleicht getröstet. ■

ANDREAS KRÄMER *ist Historiker und lebt in Würzburg*

**WEITERLESEN**
Andreas Krämer: »Hitlers Kriegskurs, Appeasement und die ›Maikrise‹ 1938« De Gruyter Oldenbourg, Berlin 2014

# HEINRICH MANN

Als der Schriftsteller Heinrich Mann Ende August 1939 erfährt, dass Stalin und Hitler einen Pakt geschlossen haben, trifft es ihn wie ein Schlag. Erschüttert und ratlos zieht er sich zwei Tage lang zurück. Er ist fast siebzig und lebt seit gut sechs Jahren nicht mehr in Deutschland. 1933 ist er nach Frankreich emigriert; von Nizza aus schrieb er weiter an gegen die Nationalsozialisten. Er setzte auf die Sowjetunion und ging davon aus, dass Stalin beizeiten Hitler stoppen werde.
Nun ist diese Hoffnung zerstoben. Mann beginnt ein »Kriegstagebuch« zu führen, das lange unveröffentlicht bleibt. Eintrag für Eintrag ist dort nachzulesen, wie sich Gewissheiten und Wünsche als Irrtümer entpuppen: Er glaubt, dass die Deutschen Hitler bald zum Teufel jagen – doch sie folgen ihm willig; dass Polen die Wehrmacht stoppt – bis sie nach vier Wochen in Warschau einmarschiert; dass zumindest Frankreich dem Nationalsozialismus Einhalt gebieten kann – bis im Juni 1940 deutsche Truppen Paris besetzen und der Süden des Landes in die Hände der Vichy-Kollaborateure fällt. Alles geschehe in hohem Tempo, räsoniert Mann einmal, »und langsam sind nur die Tränen, die beiseite fallen«.
Im August 1940 bricht Mann sein Tagebuch ab. Erst im letzten Moment akzeptiert er, dass er aus Nizza fliehen muss. Als Bergbauer verkleidet, mit Frau, seinem Neffen Golo und zwei Freunden, wandert er über die Pyrenäen; weiter geht es durch Spanien, durch Portugal, bis zum Atlantik. In Lissabon nehmen alle am 6. Oktober ein Schiff nach New York. **FLO**

# Walspeck gegen die Fettlücke

Um die Wehrmacht aufzurüsten, nimmt das NS-Regime hohe Schulden, Devisenmangel und Nahrungsengpässe in Kauf. Bis nur noch ein räuberischer Krieg vor der Staatspleite retten kann VON TIM SCHANETZKY

**DEUTSCHE FANGFLOTTE**
Der »Treff V« schleppt einen toten Wal zum Fabrikschiff »Jan Wellem«, um 1937

Wer im Frühjahr 1939 in Deutschland nach Jugendbüchern Ausschau hielt, um den Nachwuchs auf den kommenden Krieg einzuschwören, landete unweigerlich beim Franz-Schneider-Verlag. Grobschlächtige Propagandaschinken wie *Flieger gegen England* oder *Unsere Deutsche Kriegsmarine* standen ebenso zur Auswahl wie der Abenteuerschmöker *Wal in Sicht!*. Darin erzählt der Journalist Wolfgang Frank packend von der Reise der ersten deutschen Walfangflotte ins Südpolarmeer, schildert die harte Arbeit der Walfänger und stellt die Erlebnisse eines 16-jährigen Leichtmatrosen – unvermeidlich »blond und quick« – in den Mittelpunkt. Ansonsten verzichtet die Reportage auf NS-Phraseologie. Der Autor verliert auch kein Wort darüber, was deutsche Unternehmen dazu bewogen hat, die Jagd auf Wale überhaupt wiederaufzunehmen.

Hinter dem Walfang stand ein Engpass, den die Deutschen bereits 1933 als »Fettlücke« kennengelernt hatten. Deutsche Bauern ernteten zwar genügend Kartoffeln und Zuckerrüben; auch lieferten heimische Rinder und Schweine ausreichend Fleisch. Aber das Brotgetreide genügte nur in guten Jahren, während man tierische und pflanzliche Fette generell zur Hälfte auf dem Weltmarkt kaufte – ein Problem, weil Devisen knapp waren. Also belegte der NS-Staat Margarine mit einer Strafsteuer und deckelte die Produktion. Die Preise verdoppelten sich, was ebenso unpopulär war wie die Kampagne der Deutschen Arbeitsfront, die »Schluss mit der Klappstulle« forderte. Von Januar 1937 an gab es Butter und Margarine nur noch per Karte zu kaufen, die offiziell »Haushaltsnachweis« hieß – die Bevölkerung sprach dennoch treffend von der »Fettkarte«.

Damit waren Butter und Margarine zum Symbol der wirtschaftspolitischen Prioritäten des NS-Staates geworden: Seit Januar 1933 musste sich alles der Aufrüstung unterordnen. Hohe Preise und karge Versorgung waren die unmittelbaren Folgen einer Devisenknappheit, die zwar bis in die Weltwirtschaftskrise zurückreichte, aber nach 1933 weiter den Kurs bestimmte. Hitler hielt am hohen Außenwert der Reichsmark fest, weil dies rechnerisch die deutschen Auslandsschulden um ein Drittel verringerte und es so weniger Druck auf den Geldwert gab. Dass sich im Gegenzug deutsche Exportprodukte entsprechend verteuerten, nahm er in Kauf.

Autarkie war die politische Antwort auf die Handelshemmnisse. Neben Subventionen für den Export trat der Versuch, Importprodukte einzusparen und auf heimische Ersatzstoffe auszuweichen. So sorgte etwa ein Beimischungszwang dafür, dass Baumwolle durch Kunstfasern ersetzt wurde. Die Auswahl an Produkten verringerte sich: Schuhe beispielsweise gab es von Herbst 1934 an nur noch in wenigen Farben zu kaufen und in immer schlechterer Qualität. So erklärt sich auch das Wiederaufleben des Walfangs: Dahinter standen Margarinehersteller wie Unilever und Walter Rau, und auch der Waschmittelproduzent Henkel (Persil) sah in Walfett und Tran eine Möglichkeit, die »Fettlücke« zu schließen.

**Die Versorgungslage** hatte sich im Herbst 1935 so zugespitzt, dass erboste Hausfrauen die Marktstände stürmten. In Berlin gab es in der Vorweihnachtszeit kaum noch frische Eier zu kaufen, und die Polizei musste gegen Schwarzhändler vorgehen. Joseph Goebbels nannte erstmals Gründe: Den Import von Lebensmitteln habe man einschränken müssen, um der Einfuhr von Rohstoffen für die Aufrüstung Vorrang zu geben. Anfang 1936 wurde der Propagandaminister auf dem Berliner Gauparteitag der NSDAP noch deutlicher: »Wir werden zur Not auch einmal ohne Butter fertigwerden, niemals aber ohne Kanonen!« Rudolf Heß verdichtete dies im Herbst 1936 zur Parole »Kanonen statt Butter«. Das war ein offensives Bekenntnis zur Machtpolitik, denn »Kanonen« und »Butter« waren Handlungsalternativen im Krieg.

Nach 1933 stiegen die deutschen Militärausgaben binnen fünf Jahren um das 23-Fache. Hatte ihr Anteil am Sozialprodukt 1933 noch bei einem Prozent gelegen, flossen 1938 fast 20 Prozent der Wirtschaftskraft in die Rüstung. Blickt man nur auf die Ausgaben des Reiches, erhielt das Militär zwischen 1933 und 1939 jede zweite Mark. Die Aufrüstung sorgte zwar für die schnelle Überwindung der Weltwirtschaftskrise, sodass Arbeitskräfte bald überall fehlten, aber nur die Hälfte der Ausgaben war durch Steuereinnahmen gedeckt. Entsprechend verdreifachte sich die Staatsverschuldung binnen sechs Jahren. Noch nie war eine moderne Volkswirtschaft in Friedenszeiten so intensiv auf einen Krieg vorbereitet worden.

Als Hitler im Frühjahr 1935 die Einführung der allgemeinen Wehrpflicht ankündigte, wollte er die Truppenstärke möglichst rasch auf eine halbe Million steigern. Innerhalb von vier Jahren stockte man die Planziele aber mehrfach auf, bis im Herbst 1939 schließlich 4,6 Millionen deutsche Soldaten bereitstanden.

Um dies zu bewerkstelligen, hatte Hitler immer wieder auf Tempo gedrängt und viele Akteure in der Reichsbank, im Finanzministerium und im Militär kaltgestellt, denen eine Kriegswirtschaft im Frieden nicht geheuer war. Zu den Kritikern gehörte auch Friedrich Fromm, später Chef der Heeresrüstung und Oberbefehlshaber des Ersatzheeres. Fromm konstatierte im August 1936, dass die Wirtschaft in einem Ausmaß für militärische Zwecke eingespannt werde, das »für längere Zeit untragbar« sei. Volkswirtschaftlich gerate man in eine Zwangslage, die den Krieg am Ende geradezu unvermeidlich mache.

Doch genau darum ging es. Die Prioritäten hatte Hitler kurz zuvor verdeutlicht, indem er Hermann Göring die Zuständigkeit für Rohstoff- und Devisenfragen übertrug. Göring verfügte kurzerhand, dass sämtliche privaten Devisenbestände abzuliefern waren. Weil niemand mit freiwilliger Kooperation rechnete, richtete Sicherheitspolizeichef Reinhard Heydrich im August 1936 ein Devisenfahndungsamt bei der Gestapo ein. So kamen binnen Jahresfrist Barmittel im Wert von einer halben Milliarde Mark zusammen.

Es war der Beginn einer systematischen Raubökonomie, der es bis in den Sommer 1939 immer wieder gelang, Engpässe der überhitzten Rüstungswirtschaft zu beseitigen. Mit dem »Anschluss« Österreichs im März 1938 fielen den Rüstungsplanern auch die Gold- und Devisenreserven der Wiener Notenbank in die Hände, etwa 800 Millionen Reichsmark.

Nach dem Münchner Abkommen war es wiederum Göring, der als Beauftragter für den Vierjahresplan die Ausplünderung des Sudetenlandes organisierte. Und als das Deutsche Reich im Winter 1938/39 vor der Zahlungsunfähigkeit stand, sorgte die »Judenvermögensabgabe« für kurzfristige Linderung – ein staatlicher Raub im Anschluss an das Pogrom vom 9. November 1938, der dem Fiskus mehr als eine Milliarde Reichsmark einbrachte.

Der größte Raubzug zu Friedenszeiten begann im März 1939 mit dem Einmarsch der Wehrmacht in die »Rest-Tschechei«. Obwohl die britische Regierung den Bruch

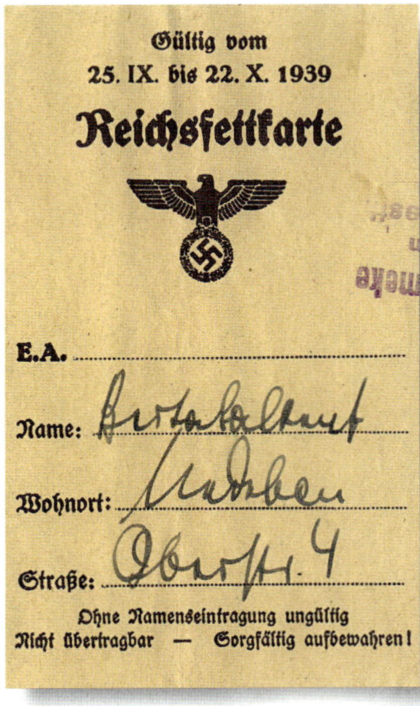
Gültig vom
25. IX. bis 22. X. 1939
Reichsfettkarte
E.A.
Name:
Wohnort:
Straße:
Ohne Namenseintragung ungültig
Nicht übertragbar — Sorgfältig aufbewahren!

**KANONEN STATT BUTTER**
Nur mit einer »Reichsfettkarte« können Deutsche sich Käse oder Margarine kaufen. Priorität hat die Rüstung: Der Panzer III geht 1939 in Serie

des Münchner Abkommens scharf kritisierte, half die Bank von England, in London lagerndes Gold auf ein Reichsbankkonto umzuschreiben. Es stammte aus dem Besitz der tschechoslowakischen Nationalbank und hatte einen Gegenwert von rund sechs Millionen Pfund.

Blickt man auf die Wehrmacht des Jahres 1940, waren drei von zehn Panzerdivisionen mit erbeuteten Panzern ausgerüstet; auch ein erheblicher Teil der schweren Artillerie stammte aus der Tschechoslowakei. Böhmen lieferte Waggons und Lokomotiven; die dortige Industrie hatte

zudem den Vorteil einer »luftkriegssicheren« Lage weit im Binnenland.

Männer wie Georg Thomas gaben sich dennoch keinen Illusionen über die Kräfteverhältnisse hin: Der Chef des Wehrwirtschafts- und Rüstungsamtes im Oberkommando der Wehrmacht wusste, dass der von Hitler gewünschte Krieg im Osten nur zu führen war, wenn man Frankreich und Großbritannien in Schach hielt. In einer Denkschrift vom Mai 1939 verglich er die Verteidigungshaushalte in Deutschland und Italien mit denen in Frankreich, Großbritannien und den USA. Demnach würden die Demokratien die »Achsenmächte« mit ihren Rüstungsausgaben schon im kommenden Jahr übertreffen, und ihr Potenzial war damit längst nicht ausgeschöpft: Während Deutschland 23 Prozent des Volkseinkommens für die Rüstung mobilisierte, lag der Vergleichswert in Großbritannien bei zwölf und in den USA sogar nur bei zwei Prozent.

Eine weitere Steigerung der deutschen Rüstungsanstrengungen schien zu diesem Zeitpunkt kaum möglich. Allen ideologischen Idealbildern von Mutterschaft und Familie zum Trotz erreichte die Frauenerwerbsquote in der deutschen Wirtschaft 1939 schon 52 Prozent. Das war höher als im Ersten Weltkrieg, und die Vergleichswerte in Großbritannien (im gesamten Krieg nicht höher als 45 Prozent) und den USA (36 Prozent im Jahr 1944) blieben weit darunter.

Was aus der Sicht von Thomas klar gegen einen Krieg im Westen sprach, interpretierte Hitler ganz anders: Noch hatte der NS-Staat einen Vorteil im Rüstungswettlauf, den er jedoch schon bald einbüßen würde. Noch ehe der deutsch-sowjetische Nichtangriffspakt unterschrieben war, schwor er seine Oberbefehlshaber auf den Krieg ein: »Wir haben nichts zu verlieren, wohl zu gewinnen. Unsere wirtschaftliche Lage ist [...] so, dass wir nur noch wenige Jahre durchhalten können. Göring kann das bestätigen. Uns bleibt nichts übrig, wir müssen handeln.«

**Als der Krieg im September 1939** begann, setzte die Regulierung und Rationierung des privaten Konsums ein. Fleisch, Zucker, Marmelade, Seife, Kohle, Textilien oder Schuhe – das alles gab es jetzt nur noch auf Karte zu kaufen. Zulagen erhielt, wer Nachtschichten oder harte körperliche Arbeit verrichtete. Sonderzuteilungen waren zu Weihnachten fällig, im Urlaub oder bei der Hochzeit. Bald folgten Raucherkarten und eine Reichsseifenkarte, im Laufe des Krieges wurden die meisten Konsumgüter dem Rationierungssystem unterworfen. Es schuf neue Formen der Ungleichheit, denn plötzlich waren ledige und kinderlose Konsumenten benachteiligt, vor allem dann, wenn sie keine körperliche Arbeit verrichteten. Demgegenüber profitierten Eltern von den Rationen ihrer Kinder, und besonders begehrt waren Zulagen für körperliche Arbeit, die etwa 60 Prozent der Bevölkerung erhielten. Die rassistischen Grenzen der »Volksgemeinschaft« galten auch hier: Von Beginn an schloss man Juden von den Zulagen aus.

Im Krieg galt die Devise: So viele »Kanonen« wie möglich und so viel »Butter« wie nötig. Bei allen Rüstungsanstrengungen hatte das NS-Regime auch seine Lehren aus dem vorigen Krieg gezogen: Einen Hungerwinter wie 1916/17 und einen Zusammenbruch der »Heimatfront« galt es unbedingt zu vermeiden.

Gesichert wurde die Versorgung der Deutschen nach dem räuberischen Muster der letzten beiden Vorkriegsjahre. Im Ersten Weltkrieg hatte Arbeitskräftemangel in der Landwirtschaft zum allgegenwärtigen Hunger an der »Heimatfront« geführt; um 40 Prozent war die Produktion eingebrochen. Dass der Rückgang nun mit knapp zehn Prozent recht moderat ausfiel, lag zuallererst am Einsatz der Zwangsarbeiter. Schon wenige Wochen nach Kriegsbeginn ersetzten polnische Kriegsgefangene einen Teil der deutschen Arbeitskräfte, die zum Militärdienst eingezogen worden waren.

Die Ausbeutung des Meeres hingegen war im Krieg keine Option mehr. Als die deutsche Fangflotte 1939 von ihrer letzten Fahrt zurückkehrte, hatte sie binnen vier Jahren 15.000 Wale zu Fett, Öl und Fischmehl verarbeitet und Deutschland zur drittgrößten Walfangnation gemacht. Ihre Konversion für den Kriegseinsatz war von vornherein eingeplant gewesen: Von September 1939 an stachen die Walfangboote als Hilfskriegsschiffe oder U-Boot-Jäger erneut in See. Und auch für ihren wichtigsten Propagandisten gab es eine neue Verwendung: Wolfgang Frank schrieb jetzt Heldengeschichten über den U-Boot-Krieg. Werke wie *Prien greift an* oder *Der Stier von Scapa Flow* fanden reißenden Absatz – besonders in der Ära Adenauer. ■

TIM SCHANETZKY *lehrt Neuere und Neueste Geschichte in Jena. Zuletzt erschien von ihm »›Kanonen statt Butter‹. Wirtschaft und Konsum im Dritten Reich«*

# Der Beute-Pakt

Eine Woche vor dem Angriff auf Polen
schließen die Erzfeinde Hitler und Stalin ein Geheimabkommen.
Ein Tabuthema in Russland bis in die Gegenwart

VON JAN LIPINSKY

**RENDEZVOUS DER DIKTATOREN** Hitler und Stalin, gebeugt über das tote Polen, geben sich ein vergnügtes Stelldichein. Karikatur von David Low aus dem »Evening Standard« vom 20. September 1939

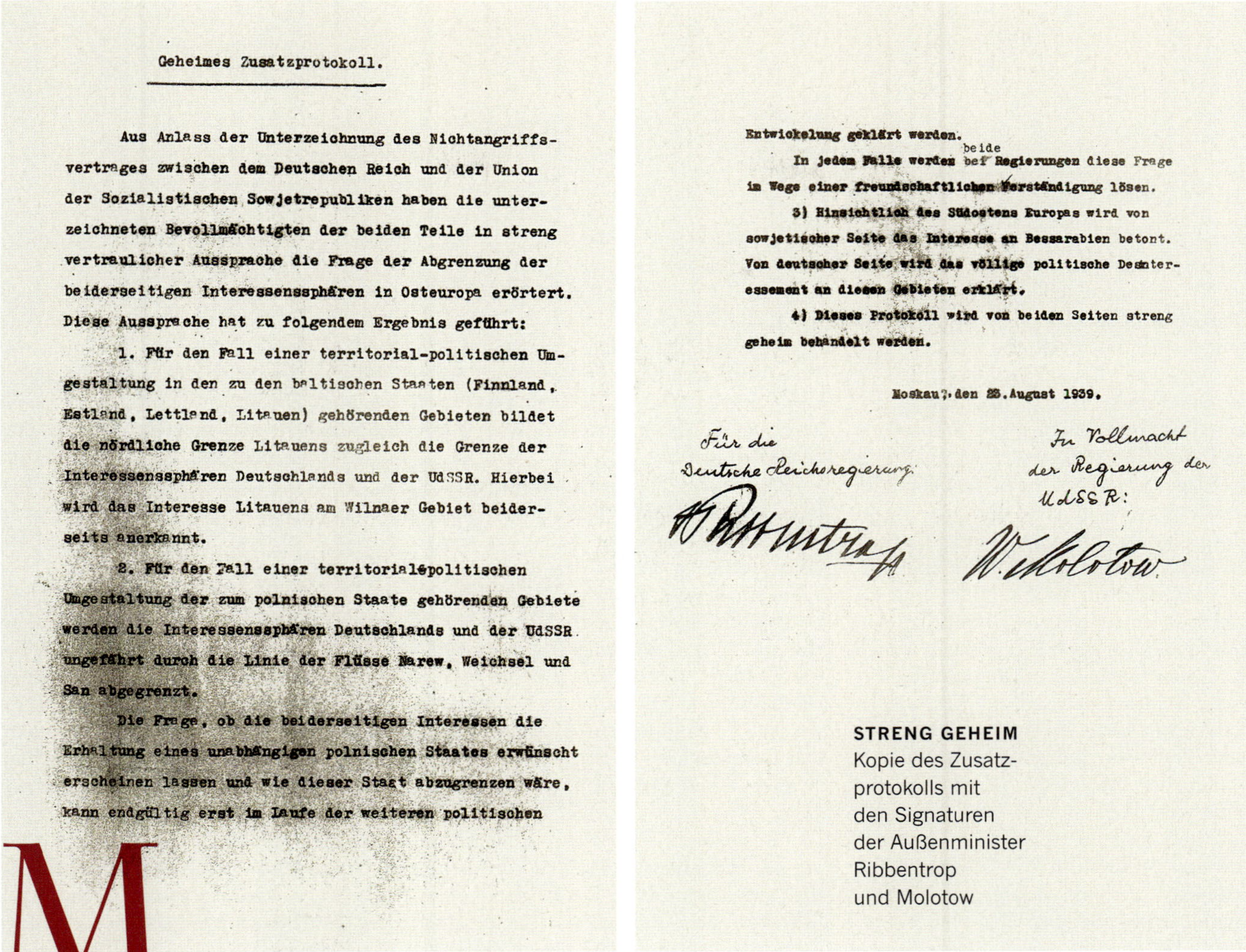

Geheimes Zusatzprotokoll.

Aus Anlass der Unterzeichnung des Nichtangriffsvertrages zwischen dem Deutschen Reich und der Union der Sozialistischen Sowjetrepubliken haben die unterzeichneten Bevollmächtigten der beiden Teile in streng vertraulicher Aussprache die Frage der Abgrenzung der beiderseitigen Interessensphären in Osteuropa erörtert. Diese Aussprache hat zu folgendem Ergebnis geführt:

1. Für den Fall einer territorial-politischen Umgestaltung in den zu den baltischen Staaten (Finnland, Estland, Lettland, Litauen) gehörenden Gebieten bildet die nördliche Grenze Litauens zugleich die Grenze der Interessenssphären Deutschlands und der UdSSR. Hierbei wird das Interesse Litauens am Wilnaer Gebiet beiderseits anerkannt.

2. Für den Fall einer territorialpolitischen Umgestaltung der zum polnischen Staate gehörenden Gebiete werden die Interessenssphären Deutschlands und der UdSSR ungefähr durch die Linie der Flüsse Narew, Weichsel und San abgegrenzt.

Die Frage, ob die beiderseitigen Interessen die Erhaltung eines unabhängigen polnischen Staates erwünscht erscheinen lassen und wie dieser Staat abzugrenzen wäre, kann endgültig erst im Laufe der weiteren politischen Entwickelung geklärt werden.

In jedem Falle werden beide Regierungen diese Frage im Wege einer freundschaftlichen Verständigung lösen.

3) Hinsichtlich des Südostens Europas wird von sowjetischer Seite das Interesse an Bessarabien betont. Von deutscher Seite wird das völlige politische Desinteressement an diesen Gebieten erklärt.

4) Dieses Protokoll wird von beiden Seiten streng geheim behandelt werden.

Moskau, den 23. August 1939.

Für die Deutsche Reichsregierung:
v. Ribbentrop

In Vollmacht der Regierung der UdSSR:
W. Molotow

**STRENG GEHEIM**
Kopie des Zusatzprotokolls mit den Signaturen der Außenminister Ribbentrop und Molotow

Mehr als 50 Jahre lag dieses Papier weggeschlossen in sowjetischen Archiven. Seine Existenz wurde geleugnet, es galt als verschollen oder als Fälschung des Westens. Bis Ende Oktober 1992 bekannt wurde, das Geheime Zusatzprotokoll des Hitler-Stalin-Pakts sei nun doch in Moskau aufgetaucht.

Eine Woche vor dem deutschen Angriff auf Polen, in der Nacht vom 23. auf den 24. August 1939, besiegelten die Außenminister Joachim von Ribbentrop und Wjatscheslaw Molotow in diesem Zusatzprotokoll, welche Regionen Osteuropas deutsche und sowjetische Truppen im Kriegsfall besetzen durften. Im Nichtangriffsvertrag selbst, der nicht geheim war, ließ sich Deutschland die Neutralität der Sowjetunion zusichern, sollte es zu einer militärischen Auseinandersetzung mit Polen und den Westmächten kommen.

Erst der russische Präsident Boris Jelzin sorgte 1992 dafür, dass eine Historikergruppe um Dmitri Wolkogonow das Geheime Zusatzprotokoll in den Archiven fand. Jelzins politische Absicht war es, seinen sowjetischen Amtsvorgänger Michail Gorbatschow bloßzustellen und der Kommunistischen Partei Russlands zu schaden. Gorbatschow hatte zuvor getreu den Vorgaben Josef Stalins und wider besseres Wissen an der Behauptung festgehalten, das Protokoll existiere nicht, es sei kein Original auffindbar. Gerüchte kursierten, Gorbatschow habe versucht, das Original vernichten zu lassen, als Ende der Achtzigerjahre Vertreter der baltischen Staaten wieder und wieder darauf zu sprechen kamen, um die Ablösung von der UdSSR zu forcieren.

Warum aber hatte der Kreml all die Jahrzehnte die Existenz des geheimen Dokuments geleugnet – auch noch, als der Krieg längst Geschichte war und Stalin nicht mehr lebte? Die langjährige Tabuisierung nährt die These, die geheime Vereinbarung zwischen Deutschland und der Sowjetunion habe die Entfesselung des Zweiten Weltkriegs durch Hitler entscheidend befördert. Das Abkommen – in Osteuropa meist als Molotow-Ribbentrop-Pakt bezeichnet, was den sowjetischen Teil der Verantwortung betont – ebnete Hitler den Weg in den Krieg gegen Polen. Eine Aggression, die von Stalin durchaus erwünscht war.

Kurz nach der Unterzeichnung wurde der Nichtangriffsvertrag weltweit veröffentlicht: Hitler und Stalin sicherten sich darin auf zehn Jahre Neutralität zu, die auf Wunsch Stalins uneingeschränkt gelten sollte und damit Angriffe auf Drittstaaten erlaubte.

Dass zwei Länder, die keine gemeinsame Grenze hatten, einen Nichtangriffspakt schlossen, ließ viele Zeitgenossen aufhorchen. Zudem überraschte die plötzliche Kehrtwende der ideologisch verfeindeten Regime. Spätestens mit dem deutschen Angriff auf Polen eine Woche nach dem Vertragsschluss fragten sich Politiker in aller Welt mit wachsender Besorgnis, welchen Vorteil Stalin aus dem Pakt ziehe. Der Einmarsch der Roten Armee in Ostpolen am 17. September ließ dann erahnen, was Deutschland und die Sowjetunion im Geheimen auch noch vereinbart hatten.

**Es war zuerst Hitler,** der trotz seiner lauten antibolschewistischen Propaganda das Bündnis anstrebte, nachdem Polen sich im März 1939 geweigert hatte, Danzig an Deutschland abzutreten und sich als Juniorpartner Berlins gegen Moskau zu stellen. Um seine Lebensraum-Pläne im Osten zu verwirklichen, wollte Hitler nun zunächst Polen »erledigen«. Großbritannien und Frankreich stärkten Warschau jedoch durch eine Garantieerklärung den Rücken. Hitler brauchte also vertragliche Zusagen Stalins, um Deutschland vor der Gefahr eines Zweifrontenkriegs zu bewahren.

Für die sowjetische Neutralität war Hitler kein Preis zu hoch. Stalin erkannte dies und forderte weite Teile Ostmitteleuropas. Seine noch im Sommer 1939 laufenden Verhandlungen mit Großbritannien und Frankreich über eine Militärallianz ließ er mit gezielt übertriebenen Forderungen scheitern. Wäre die Allianz zustande gekommen, hätte sie Hitlers Aggressionsplan durchkreuzen können.

Stattdessen schlug Stalin dem deutschen Diktator ein Zusatzprotokoll mit territorialen Absprachen vor, gab auch dessen zeitlichem Drängen nach und lud zur Unterzeichnung nach Moskau ein. Dort nahm Stalin direkten Einfluss auf die Verhandlungen und setzte seine Forderungen durch. Da der Vertrag sofort in Kraft trat, befähigte er Hitler, den Angriff auf Polen zum 1. September 1939 zu befehlen, ohne dass Deutschland Gefahr lief, von der Sowjetunion angegriffen zu werden.

Konkret wurde im Geheimprotokoll die »Abgrenzung der beiderseitigen Interessensphären in Osteuropa« vereinbart, und zwar im Zuge einer »territorial-politischen Umgestaltung«. Demnach durfte Hitler Polen bis zur Linie Narew-Weichsel-San (womit Warschau geteilt worden wäre) sowie das an Ostpreußen angrenzende Litauen besetzen. Ostpolen, Finnland, Estland, Lettland und Bessarabien (heute teilweise Moldawien) sollten an Stalin fallen.

Das Zusatzprotokoll war ein völkerrechtlich einmaliges Dokument, das zumindest für Stalin den entscheidenden Vertragsteil darstellte. Es bestritt souveränen Staaten das Existenzrecht und teilte sie als Beute auf, bevor der Krieg überhaupt begonnen hatte.

Als deutsche Truppen dann im September 1939 die Weichsel erreichten, geriet Stalin unter Zugzwang. Er wollte keine Kriegserklärung seitens der Westmächte riskieren, die mit Polen verbündet waren, und zögerte den Einmarsch hinaus. Damit riskierte er, dass deutsche Truppen bis in die Gebiete vordrangen, die sowjetisch werden sollten. Als Stalin am 17. September schließlich angreifen ließ, verbrämte er den Einmarsch als »Befreiung ukrainisch-weißrussischen Landes« und »Schutz der Brudervölker«.

Ein weiteres Treffen mit Ribbentrop am 28. September in Moskau korrigierte die Demarkationslinie: Deutschland sollte nun Polen über die Weichsel hinaus okkupieren und im Gegenzug Litauen bis auf den Suwalki-Zipfel an die Sowjetunion abtreten, was im »Deutsch-Sowjetischen Grenz- und Freundschaftsvertrag« festgehalten wurde. Da Stalin später auch den Suwalki-Zipfel besetzen ließ und nicht mehr herausgab, wurde im Januar 1941 ein weiteres Geheimprotokoll nötig, mit dem die Sowjetunion das Gebiet für 7,5 Millionen Golddollar kaufte. Das war mehr, als Zar Alexander II. 1867 von den USA für Alaska erhalten hatte.

Am 28. September 1939 vereinbarten Deutschland und die Sowjetunion zudem einen umfassenden Bevölkerungsaustausch: Deutschbalten und »Volksdeutsche« (zum Beispiel aus Bessarabien) sollten ins Reich übersiedeln, Ukrainer und Weißrussen in die Sowjetunion. Außerdem lieferte Moskau Rohstoffe für die deutsche Rüstungsindustrie, die Rote Armee erhielt deutsche Militärtechnik.

Noch im September 1939 bestellte Stalin Diplomaten der baltischen Länder nach Moskau, um sowjetische Truppenstationierungen durchzusetzen. Vergeblich baten die Balten Berlin um Hilfe. Hitler hielt sich an die Geheimabsprache, noch. Sowjetische Truppen besetzten nun strategisch wichtige Punkte im Baltikum. Im Schatten des deutschen Westfeldzuges erzwang Stalin im Juni 1940 den »freiwilligen« Beitritt von Litauen, Lettland und Estland zur UdSSR. Nach der französischen Kapitulation musste Rumänien Bessarabien und die Nordbukowina an Moskau abtreten. Hitler billigte dies mit wachsendem Widerwillen.

Deutschland blieb auch neutral, als Stalin Ende November 1939 Finnland angriff, nachdem sich das Land Moskauer Stationierungsforderungen nicht gebeugt hatte. Der folgende Winterkrieg wurde für die Rote Armee zum Desaster: Die Finnen verloren zwar unter anderem den Großteil Kareliens, retteten aber ihre Selbstständigkeit. Stalin hielt jedoch an der kompletten Annexion Finnlands fest, wie sie im Geheimprotokoll vereinbart worden war.

Hitlers Konzessionsbereitschaft sank nun deutlich, denn Frankreich war besiegt, und die Niederlage Großbritanniens schien nur eine Frage der Zeit zu sein. Als Außenminister Molotow Ende 1940 fünf neue Geheimprotokolle zu territorialen Fragen vorschlug, lehnten die Deutschen ab. Hitler gab stattdessen den Befehl, den Überfall auf seinen Bündnispartner vorzubereiten. Stalins Expansionsdrang trieb Staaten wie Finnland und Rumänien an die Seite des Deutschen Reichs – darum unterstützten sie den deutschen Angriff auf die Sowjetunion am 22. Juni 1941.

**Nach dem Zweiten Weltkrieg** verschwand die sowjetische Version des Geheimen Zusatzprotokolls vom 23. August 1939 in den Moskauer Archiven. 1952 wurde das Dokument an das Archiv des Zentralkomitees der KPdSU übergeben. Dort hielt man es unter Verschluss. Dennoch war es etlichen russischen Historikern und führenden Politikern bekannt, die aber seine Existenz leugneten.

Die deutsche Ausfertigung vergaß der verkaterte Ribbentrop im August 1939

**HANDELSEINIG**
Ribbentrop, Stalin und Molotow (vorn, v. l.) gut gelaunt nach der Vertragsunterzeichnung

nach wodkafeuchter Nacht in der Moskauer Botschaft. Sie musste ihm hinterhergeschickt werden. Wegen der Bombenangriffe auf Berlin wurde das Geheimdokument 1943/44 auf Mikrofilm archiviert und vermutlich mit anderen Schriftstücken nach Schlesien gebracht. Das Original fiel den Kriegswirren zum Opfer, während der Mikrofilm kurz nach der deutschen Kapitulation im Mai 1945 in Thüringen den Westalliierten übergeben wurde.

Es waren allein Kopien dieses Mikrofilms, die nach Kriegsende der Forschung zur Verfügung standen. Sie hätten fast die Verhandlungen vor dem Internationalen Militärgerichtshof in Nürnberg gesprengt: Dort versuchten deutsche Verteidiger 1946, durch Hinweise auf das Geheimprotokoll die Befangenheit der sowjetischen Richter und die sowjetische Mitverantwortung am nationalsozialistischen Krieg zu belegen.

Der Kreml dagegen wollte an den deutsch-sowjetischen Nichtangriffspakt und das Geheime Zusatzprotokoll nicht mehr erinnert werden. Das Abkommen widersprach zu deutlich den propagandistischen Verlautbarungen über einen »antifaschistischen« Kampf der »friedliebenden« Sowjetmacht und verriet ihre aggressiv-imperialistischen Ziele.

Zudem entlarvte das Geheimprotokoll, dass die Sowjetunion mit deutscher Billigung die drei baltischen Staaten Estland, Lettland und Litauen sowie Teile Polens und Rumäniens okkupiert hatte. Auf den alliierten Kriegskonferenzen hatte Stalin an diesen Eroberungen festgehalten. Im Februar 1945 in Jalta gewann der Diktator noch das östliche Ostpreußen hinzu; die Annexion des Baltikums hingegen erkannten die Alliierten formal nie an.

Seit Mitte der Achtzigerjahre demonstrierten Vertreter der drei baltischen Staaten immer vehementer gegen die auf dem Protokoll beruhende Annexion ihrer Heimatländer und wiesen darauf hin, dass sie dem Völkerrecht widersprach. Umso mehr beharrte der Kreml auf seiner Verfälschung und Vertuschung: Stalins Handeln im August 1939 sei »alternativlos« gewesen, der Vertrag von Hitler »aufgezwungen«. Die Annexion sei eine »Rettung baltischer und ukrainisch-weißrussischer Gebiete vor deutscher Aggression« gewesen und die Kopie von westlicher Seite »gefälscht« worden. Noch im Herbst 1988 bat Gorbatschow Bundeskanzler Helmut Kohl scheinheilig um Amtshilfe bei der Suche nach dem Original – nur um kurz darauf zu verkünden, dass es nicht aufzufinden sei. Der baltische Freiheitsdrang indes war zu diesem Zeitpunkt nicht mehr zu bremsen.

**Erst nachdem der russische Präsident** Boris Jelzin 1991 die baltischen Staaten anerkannt hatte, folgte Deutschland diesem Beispiel. Die dramatische Geschichte des Paktes hätte damit beendet sein können. Aber die relative Freiheit unter Jelzin endete bald, und Wladimir Putins Restauration begann. Archive verschlossen wieder ihre Türen, der Blick auf die Geschichte ähnelte immer mehr dem in der Stalin-Zeit – nicht zuletzt um Forderungen nach Wiedergutmachung und Entschädigung abzulehnen und die russische Vormachtstellung zu wahren.

Heute schreiben russische Historiker tatsächlich wieder vom »freiwilligen Anschluss« des Baltikums an die UdSSR statt von einer Annexion oder Okkupation. Es fehlt nur, dass jemand auf die Idee kommt, auch die Existenz des Geheimprotokolls wieder zu leugnen. ■

JAN LIPINSKY *ist stellvertretender Leiter der Forschungsbibliothek des Herder-Instituts für historische Ostmitteleuropaforschung in Marburg*

Auswärts 15 Pf.

B.Z. am Mittag

Reichsminister Darré: Warum Bezugsscheine?

Nr. 205
Berliner Zeitung
1939 — 63. Jahr
DEUTSCHER VERLAG / BERLIN SW68

Berlin, Montag, 28. August

Der Wortlaut des Briefwechsels

Der Führer an Daladier: Danzig und der Korridor müssen zurück!

„Ich sehe keine Möglichkeit, von uns aus auf Polen einzuwirken"

Berliner Ausgabe

Berliner Ausgabe
Berlin, Sonntag, 27. August 1939

VÖLKISCHER BEOBACHTER

Kampfblatt der national-sozialistischen Bewegung Großdeutschlands

Ganz Polen im Kriegsfieber

Ununterbrochene Truppentransporte zur Grenze – Chaos in Ostoberschlesien

Reichsparteitag abgesagt

1,5 Millionen Mann mobilisiert

Neutralitätsverletzung durch britische Marineflugzeuge

# »Dann Krieg, brutal!«

August 1939: Sieben Tage voller Täuschungsmanöver, Ängste und Hoffnungen. Eine Chronik der letzten Friedenswoche VON MANFRED VASOLD

Sonntagsausgabe
Preis 20 Pfennig

Sonntag, 27. August 1939

Berliner

Lokal-Anzeiger

Nummer 205

Organ für die Reichshauptstadt

Neuer Roman

Verzweiflungskampf der Volksdeutschen gegen Polens Ausrottungsfeldzug

Warschau mobilisiert 1,5 Millionen Mann

Neue Massenverhaftungen

Telegraphische Meldung

Wo steht Europa?

Von Gotthart Meyer

## FREITAG, 25. AUGUST

**Berlin:** Nur noch wenige Autos fahren durch die Stadt, es gibt kein Benzin. Das Tagesgespräch sind die knapp bemessenen Lebensmittelkarten. Juden müssen ihre mit einem »J« gekennzeichneten Karten selbst abholen, allen anderen werden sie zugesandt. Lange Schlangen vor den Geschäften, viele Läden haben geschlossen. Neue Einberufungen werden angekündigt. In den deutschen Zeitungen wimmelt es von Berichten über »polnische Greuel« und »Grenzzwischenfälle«.

Hitler ist gereizt. Von den Militärs werde er sich nicht mehr beraten lassen! Es gehe doch darum, das Unrecht der Polen zu bestrafen, mit den anderen Ländern wolle er überhaupt keinen Krieg. Um kurz nach 15 Uhr gibt er den Befehl, Polen am nächsten Morgen anzugreifen. Durch seinen Luftwaffenadjutanten Nicolaus von Below lässt sich Hitler über den Stand der militärischen Vorbereitungen unterrichten, insbesondere über die Größe der einsatzbereiten Fliegerverbände.

Gegen 17 Uhr übermittelt ein deutscher Journalist aus London die Nachricht, dass Briten und Polen öffentlich den britisch-polnischen Beistandspakt besiegeln – als prompte Reaktion auf den Nichtangriffspakt zwischen Deutschland und der Sowjetunion. Aber werden die Briten wirklich für Polen oder Danzig kämpfen? Und die Franzosen?

Der französische Botschafter Robert Coulondre erscheint in der Reichskanzlei. Hitler hält einen Monolog: Er wolle die polnischen Provokationen nicht länger hinnehmen. Er wolle keinen Krieg mit Frankreich. Coulondre erklärt darauf feierlich, »dass die französische Armee aufseiten Polens kämpfen wird, wenn dieses Land angegriffen werden sollte«. Die französischen Konsuln in Karlsruhe, Königsberg und Dresden planen kurz darauf ihre Abreise. Das französische Außenministerium am Pariser Quai d'Orsay ist damit einverstanden.

Mussolini sei begeistert vom Abschluss des Nichtangriffspakts mit Moskau, schreibt der deutsche Botschafter in Rom, Hans von Mackensen. Aber um 17.45 Uhr kommt eine neue Nachricht vom »Duce«: Seiner Luftwaffe fehle das Benzin, dem Heer der Vorrat. Er bedauere, sein Land sei nicht kriegsbereit.

Hitler schäumt. Er ist tief enttäuscht über Mussolini und über die Beistandsgarantie der Briten für Polen. Die Lage hat sich geändert. »Der Führer grübelt und sinnt. Das ist für ihn ein schwerer Schlag«, schreibt Goebbels in sein Tagebuch. Im letzten Moment sagt Hitler den Angriff wieder ab. Jetzt rattern in den vorderen Stellungen die Telefone. Eigentlich ist es schon zu spät: An einigen Stellen haben deutsche Soldaten bereits die Grenze überschritten. In der Nacht kommt es zu Scharmützeln, weil nicht alle Einheiten zurück-

**DEUTSCHE FRONTSEITEN**
Der »Völkische Beobachter« diagnostiziert am 27. August »Kriegsfieber« in Polen, der »Lokal-Anzeiger« klagt, der Nachbar führe einen »Ausrottungsfeldzug«. Die »B.Z. am Mittag« ist etwas näher an der Wirklichkeit. Sie verkündet am 28. August Hitlers Forderungen: Danzig und den Korridor nach Ostpreußen – sonst gibt es Krieg

**FRANZÖSISCHE HOFFNUNG**
Europa stehe Gewehr bei Fuß, berichtet »L'Action Française«, das Blatt der französischen Royalisten, am 29. August – doch der britische Botschafter Henderson, so die Titelzeile, überbringt Hitler noch einmal ein Gesprächsangebot

Trente-deuxième année · N° 241 — EDITION DE 5 HEURES — Mardi 29 Août 1939

L'ACTION FRANÇAISE

50 centimes — FRANCE & COLONIES

ORGANE DU NATIONALISME INTEGRAL

Fondateur : HENRI VAUGEOIS. — Directeurs politiques : LÉON DAUDET et CHARLES MAURRAS. — Rédacteur en chef : MAURICE PUJO

« Varsovie, 1er septembre. — Dans la conférence du 21 avec M. de Bucholtz, où il fut question de fixer les limites respectives de la Prusse et de la Pologne, l'ambassadeur de Russie fut invité à venir interposer son arbitrage, le perfide entremetteur ne manqua pas de les fixer conformément au plan présenté par l'envoyé prussien. »

CLAIRVOYANCE DE l'« Action française »

Ceux qui, comme moi, depuis de longues années, vivent dans l'intimité quotidienne de Maurras, savent la justesse et la précision de sa clairvoyance politique, qui tiennent en grande partie, à sa connaissance de l'Histoire. Il a toujours cru, même avant Rapallo, à l'entente profonde — à travers et malgré les différences dites idéologiques — de l'Allemagne et de la Russie et il n'a cessé de combattre la périlleuse chimère d'un accord franco-soviétique. Ce qui est vraiment extraordinaire c'est qu'un homme d'Etat comme M. Nevile Chamberlain …

L'EUROPE L'ARME AU PIED

M. Henderson a remis à M. Hitler la note britannique

Le parlement anglais se réunit aujourd'hui

Les textes de la correspondance Daladier-Hitler ont été publiés

gepfiffen werden können. Die Kommandeure sind wütend auf die Führung in Berlin. Ein kleiner Kreis von Wehrmachtoffizieren um Oberst Hans Oster sieht Hitlers Ende voraus: »Das kommt davon, wenn ein Gefreiter Krieg führen will«, soll Oster gesagt haben. Der Mann sei erledigt.

Der schwedische Geschäftsmann Birger Dahlerus ist von Stockholm nach Berlin geflogen. Reichsluftfahrtminister Hermann Göring, sein Bekannter, hat ihn um Vermittlung zwischen Berlin und London gebeten. In den folgenden Tagen fliegt Dahlerus mehrmals zwischen den Hauptstädten hin und her, um den Frieden doch noch zu erhalten.

**London:** Die britische Regierung erreichen gute Nachrichten aus den Dominions: Kanada, Australien und Neuseeland sichern für den Fall eines Krieges Unterstützung zu. Freiwillige melden sich zur Armee, auch in Großbritannien selbst. Im Unterhaus, wo der Beistandspakt mit Polen ratifiziert wird, herrscht viel Betrieb. Premierminister Neville Chamberlain, der bisher Hitler gegenüber eine Politik der Beschwichtigung, des Appeasement, betrieb, hat eine kämpferische Rede gehalten, die Eindruck hinterlässt.

**Warschau:** In der Öffentlichkeit ist die Stimmung gespannt, aber nicht verängstigt. Man will nicht akzeptieren, dass Danzig geräuschlos zu einem Teil des Deutschen Reiches gemacht wird. Inzwischen ist bekannt, dass Großbritannien und Frankreich den deutsch-sowjetischen Nichtangriffspakt mit energischen Stellungnahmen zugunsten Polens beantwortet haben. Die Polen sind ziemlich siegessicher. Aber viele ärgern sich, dass sich Albert Forster, Gauleiter in der Freien Stadt Danzig, zum »Staatspräsidenten« der Stadt ernennen ließ.

## SAMSTAG, 26. AUGUST

**Paris:** Am Quai d'Orsay trifft gegen 1 Uhr morgens eine Nachricht aus Berlin ein. Botschafter Coulondre übermittelt einen Vorschlag aus einer Unterredung mit Józef Lipski, dem polnischen Botschafter in Berlin: Vielleicht könnte ein Bevölkerungsaustausch von Deutschen und Polen neue Gespräche erleichtern? Außenminister Georges Bonnet weist die französische Botschaft in Warschau an, sie möge diesen Vorschlag unterstützen.

Frankreich bereitet sich auf den Luftkrieg vor. An der Kathedrale von Chartres werden die Glasfenster gesichert. Die Leitung des Pariser Bahnhofs Gare du Nord teilt mit, dass keine Bahnverbindung mit dem Deutschen Reich mehr bestehe: Die Grenze sei geschlossen, die Züge von und nach Deutschland würden festgehalten. Aus Washington erfährt Bonnet, die deutsche Kampfmoral sei keineswegs so gut wie angenommen.

**Warschau:** Polens Außenminister Józef Beck protestiert gegen die unentwegten Anschuldigungen der deutschen Propaganda. Er glaubt, dass Polen militärisch gut auf einen deutschen Angriff vorbereitet ist. Zudem stehe der wichtigste Verbündete, Frankreich, an der Maginot-Linie mit zwei Millionen Mann bereit. Dagegen scheint der deutsche Verbündete Italien auszufallen.

Der französische Botschafter in Warschau, Léon Noël, schenkt den deutschen Bezichtigungen zu »polnischen Greueltaten« keinen Glauben; sie glichen aufs Haar denen, die Berlin im Jahr zuvor gegen die Tschechen erhoben habe. Viele Diplomaten halten Hitlers Beschuldigungen für reine Lügenpropaganda.

## SONNTAG, 27. AUGUST

**Berlin:** Es wird bekannt, dass Hitler den »Reichsparteitag des Friedens«, der am 2. September beginnen sollte, abgesagt hat. Die Stimmung in Deutschland ist nicht gut, die Rationierung von Lebensmitteln missfällt vielen, man ahnt das Schlimmste. Die Vorräte an Gasmasken sind erschöpft.

DAILY EXPRESS, Monday, August 28, 1939.

SPECIAL LATE EDITION

# Daily Express

WORLD'S LARGEST DAILY SALE

No. 12,252 — Monday, August 28, 1939 — One Penny



## Hitler rejects peace offer and makes "clear demand"

# "I MUST HAVE DANZIG AND THE CORRIDOR"

## Tells France "I know the consequences"

## 'IF FATE FORCES US TO FIGHT...'

## Declares Poland would suffer most

## MYSTERY MAN HERE (and off again) IN GERMAN PLANE

Daily Express Staff Reporter

## Britain's "NO!"

### "Any peace must be permanent"

EARLY this evening Sir Nevile Henderson, British Ambassador to Berlin, will give Hitler the reply of the British Cabinet to his proposals.

Britain rejects them firmly.

Reported versions of Hitler's communication (writes Guy Eden, Daily Express political correspondent) say that he insisted on a quick settlement ... quarrel with Poland before any further peace

## JAPAN'S CABINET RESIGN

THE Japanese Cabinet, split by Germany's pact with Russia, resigned today, says a

LATEST — CENTRAL 8000

5-POWER PEACE CONFERENCE?

New York radio report at 3 a.m. said that Mussolini's secret peace move may result in five-Power conference between Britain, Germany, France, Russia and Italy in an Italian city. Poland might be called in later.

**SPÄTAUSGABE IN LONDON**
»Ich muss Danzig und den Korridor bekommen«, zitiert die britische Boulevardzeitung »Daily Express« Hitler am 28. August in einer »special late edition«

Im Auswärtigen Amt will man erfahren haben, dass die Sowjets ihre Truppen von der polnischen Grenze abziehen. Der neue sowjetische Außenminister Wjatscheslaw Molotow dementiert dies. Währenddessen geht die deutsche Mobilmachung weiter – sie ist anders als der Angriff nicht storniert worden. Hitler erhöht den Einsatz: Er erklärt dem französischen Botschafter Coulondre, dass er Danzig *und* den Korridor dem Reich einverleiben wolle.

### MONTAG, 28. AUGUST

**Berlin:** Die Bahnhöfe sind ungewöhnlich belebt, viele Städter reisen aufs Land. Die Truppentransporte sind nicht zu übersehen. Junge Männer werden einberufen, die Berliner Vorortzüge sind mit Reservisten überfüllt. Auf dem Anhalter Bahnhof stehen drei Sonderzüge bereit, einer für Hitler, einer für Göring und einer für Himmler. In der deutschen Presse wimmelt es von Ausrufezeichen: »Neue schwere polnische Grenzzwischenfälle!«, »Attentat auf den Frieden!«, »Menschenjagd polnischer Räuberbanden!«, »Polen bereitet Panzervorstoß auf Danzig vor!«

Die Berliner wahren die Ruhe. Militärische Aufmärsche finden wenig Beifall: Ein motorisiertes Regiment fährt durch die Stadt, die Passanten zeigen keinerlei Begeisterung. Im Regierungsviertel bilden sich Menschentrauben, ihr Schweigen wirkt bedrückend. Am Nachmittag ist aus der Reichskanzlei zu hören, die Lage sei sehr ernst; der »Führer« warte nicht mehr lange. Werde seine Mindestforderung – Danzig und der Korridor – nicht erfüllt, sagt Hitler vor SS- und Parteiführern: »Dann Krieg, brutal!«
**London:** Die Stimmung in der Bevölkerung ist ernst. Auf den Märkten stehen kleine Grüppchen beisammen und diskutieren die Neuigkeiten. Die Zugverbindungen Richtung Kontinent sind eingestellt. Victoria Station wappnet sich gegen Bombenanschläge der Irisch-Republikanischen Armee (IRA). Britische Passagierschiffe werden aufgefordert, italienische und deutsche Häfen zu verlassen. Das Mittelmeer ist jetzt für sie gesperrt. Auch die USA stellen ihren Passagierdienst in Deutschland ein.

Die britische Regierung warnt vor Fremden im eigenen Land. Fotoapparate dürfen nicht mehr überall mitgeführt werden. Um Brieftauben fliegen zu lassen, bedarf es einer Genehmigung.

Um 12 Uhr versammelt sich das britische Kabinett in London. Auch der Botschafter in Berlin, Nevile Henderson, wohnt der Sitzung bei. Es wird ein Schreiben an Hitler formuliert: Man sei bereit, auf das von ihm gewünschte Abkommen mit Großbritannien hinzuarbeiten, vorausgesetzt, die Deutschen würden ihre Differenzen mit Polen beilegen. Die Verpflichtungen gegenüber Warschau werde London einhalten.

Die Minister erfahren, dass Polen bereits die Mobilmachung eingeleitet hat. Der Diplomat Alexander Cadogan hat ein Telegramm entworfen, in dem er die polnische Regierung bittet, direkten Verhandlungen mit Berlin zuzustimmen.

### DIENSTAG, 29. AUGUST

**Warschau:** In Polen ist viel von Sabotageakten die Rede; die Behörden vermuten Angehörige der deutschen Minderheit als Täter. Bei einer Explosion werden sieben Eisenbahner getötet. In Schlesien werden einige Deutsche festgenommen, die angeblich Bomben und Zeitzünder bei sich trugen. Die polnische Regierung hat bei der Regierung der Slo-

**POLEN BEREITET SICH VOR**
Präsident Ignacy Mościcki ordnet die »Allgemeine Mobilmachung« an, berichtet am 31. August diese polnische Zeitung aus Gdingen, der Hafenstadt nördlich von Danzig

DZIŚ 8 STRON

Cena 10 gr.

Gazeta Gdyńska

Organ Wybrzeża Polskiego

Przedpłata:
Miesięcznie w ekspedycji i agencjach . . . . . 2,50 zł
" na poczcie już z odnoszeniem . . . . 2,88 "
Kwartalnie w ekspedycji i agencjach . . . . 7,50 "
" na poczcie już z odnoszeniem . . . . 8,64 "
W razie wypadków spowodowanych siłą wyższą, strajków itp. Wydawnictwo nie odpowiada za niedostarczenie numerów i nie zwraca przedpłaty.

Wychodzi codziennie z wyjątkiem niedziel i świąt.

Adres Redakcji i Administracji Gdynia, ulica 10 Lutego 2. Telefon 17-29. Pocztowe konto czekowe: Gdynia 803.089

Ogłoszenia:
Jednołamowy wiersz milimetrowy lub jego miejsce na stronie 6-łamowej 15 gr, na stronie 4-łamowej 40 gr, na stronie tytułowej 60 gr. Za tłumaczenia i ogłoszenia skomplikowane liczy się 25% więcej. Za ogłoszenia z zagranicy dolicza się 50% z Wolnego Miasta Gdańska 20%. Za terminowy druk ogłoszeń Wydawnictwo nie odpowiada. — Dla poszukujących pracy 1/3 zniżki.

Nr. 199 Gdynia, czwartek dnia 31-go sierpnia 1939 r. Rok XV

# Powszechna mobilizacja

PREZYDENT RZECZYPOSPOLITEJ ZARZĄDZIŁ

## MOBILIZACJĘ POWSZECHNĄ.

W WYKONANIU POWYŻSZEGO W POROZUMIENIU Z WŁASCIWYMI MINISTRAMI

zarządzam co następuje:

I. DNIE MOBILIZACJI.
Pierwszym dniem mobilizacji jest
ne, a w chwili obwieszczenia mobili-
2) podoficerowie służby stałej i
— niebieskie zaświadczenia

wakei protestiert, weil diese Soldaten der Wehrmacht erlaubt hat, auf slowakisches Gebiet vorzurücken.

Auch Nachrichten aus Danzig stimmen nachdenklich: Die Behörden dort haben alle polnischen Güterzüge auf ihrem Territorium beschlagnahmt. Außerdem haben sie Zollinspektoren festgenommen. Polnische Bahnarbeiter sollen misshandelt worden sein. Die Lage in Danzig gleicht der im Reich: Auch hier gibt es jetzt Lebensmittelkarten.

Weil im Deutschen Reich zwei polnische Konsuln verhaftet werden, setzen die Polen im Gegenzug die deutschen Konsuln von Teschen und Lemberg fest und lassen sie nach Warschau schaffen.

Der britische Botschafter, Howard Kennard, warnt die polnische Regierung davor, öffentlich von einer »Mobilmachung« zu sprechen. Die deutsche Truppenkonzentration an der Grenze zu Polen und das Einrücken deutscher Soldaten in die Slowakei sprächen jedoch zweifellos für kriegerische Absichten der Deutschen. Die polnische Regierung ordnet die Generalmobilmachung an, verhängt aber vorerst nicht den Ausnahmezustand.

**Paris:** Frankreich übt die Verdunklung. Auf den Boulevards herrscht lebhaftes Treiben. Die Regierung sucht nach einem Weg, die Spannungen auf diplomatischem Wege zu lösen. Wenig erfreulich sind die Nachrichten aus Polen von der bevorstehenden Mobilmachung. Auch der Botschafter Frankreichs appelliert an Warschau, sie erst einmal nicht öffentlich zu machen, damit Hitler die Nachricht nicht zum Vorwand für den Abbruch aller Gespräche nimmt.

## MITTWOCH, 30. AUGUST

**Danzig:** Seit der Senat Gauleiter Forster als »Staatspräsident« eingesetzt und damit den Status der Freien Stadt Danzig einseitig verändert hat, ist der Verkehr nach Warschau unterbrochen – wie auch der Dialog. Im Laufe des Tages verschärft sich die Lage weiter: Eisen- und Getreidelieferungen für Polen werden gestoppt. Die Regierung in Warschau antwortet mit einer Sperrung des Personenverkehrs.
**London:** Die *Times* schreibt, die britisch-deutschen Beziehungen hingen einzig und allein davon ab, ob Deutschland auf Gewaltandrohung gegen England sowie seinen Nachbarn verzichte. Andere Zeitungen verkünden: Großbritannien ist zum Kampf entschlossen, falls die Verhandlungen mit Hitler scheitern.
**Paris:** Außenminister Bonnet führt am Nachmittag ein langes Gespräch mit dem polnischen Botschafter. Bonnet verlangt, dass Warschau direkt mit Berlin verhandele. Er beklagt aber den Ton, in dem Hitler mit Polen spreche. Trotzdem ist Bonnet noch optimistisch, dass es nicht zum Krieg kommt.
**Berlin:** Hitler ist damit beschäftigt, »Vorschläge« an die Adresse Polens vorzubereiten, einen 16-Punkte-Plan. Am Vortag hat er das Eintreffen eines polnischen Unterhändlers mit umfassenden Vollmachten gefordert. Frist: bis heute. Ein unmögliches Ultimatum, gegen das der britische Botschafter Henderson sofort protestiert. Hitler entgegnet, in Polen setze die regenreiche Jahreszeit ein, er könne nicht länger warten. Am Nachmittag lässt er die Spitzen der Wehrmacht in die Reichskanzlei kommen und legt einen neuen Angriffstermin fest: Freitag, 1. September 1939, 4.45 Uhr. Diesmal wird der Befehl nicht widerrufen.

Gegen Mitternacht hat Außenminister Joachim von Ribbentrop ein stürmisches Gespräch mit Botschafter Henderson. Der Brite meint, man könne nicht erwarten, so schnell zu einem Ergebnis mit Polen zu kommen. Ribbentrop trägt rasch die 16 Forderungen vor, mündlich und auf Deutsch: Danzig wird Teil des Deutschen Reichs, im Korridor wird eine Volksabstimmung angesetzt. Aber wollen die Deutschen überhaupt noch verhandeln? Als Henderson darum bittet, die Liste in schriftlicher Form zu erhalten, weigert sich Ribbentrop. Henderson ist außer sich. Er hat den Eindruck, der deutsche Außenminister wolle gerade verhindern, dass er die Liste mit den Forderungen bekommt, um sie an die Polen weiterzugeben. Erst vor wenigen Tagen hat Hitler vor hohen Offizieren der Wehrmacht auf dem Obersalzberg erklärt, er fürchte, »daß mir noch im letzten Moment irgendein Schweinehund einen Verhandlungsplan vorlegt«.

Nach Mitternacht treffen sich der schwedische Unternehmer Birger Dahlerus und Göring zu einer Unterredung. Dahlerus bittet nachdrücklich um die Liste mit den 16 Forderungen, um sie den Briten zu übergeben. Er glaubt, so den Krieg noch verhindern zu können. In der polnischen Botschaft in Berlin bereitet man schon die Abreise vor.

### DONNERSTAG, 31. AUGUST

**Warschau:** Der Eisenbahnverkehr zwischen dem Deutschen Reich und Polen sowie zwischen Danzig und Polen ist stark eingeschränkt. Die Grenzbeamten fertigen die Züge nicht mehr ab. In Polen ist die Polizei einigen Terrorgruppen auf die Spur gekommen; eine von ihnen operiert unweit Kattowitz. Die Polizei findet gut ausgestattete Waffenlager. Polen zeigt sich besorgt – auch über deutsche Truppenverschiebungen an der Grenze.

**Rom:** Die Ruhe vor dem Sturm. Außenminister Graf Galeazzo Ciano meint, der Krieg könne jederzeit beginnen. Aber wenn die polnische Regierung mit einer Abtretung Danzigs einverstanden sei, lasse er sich mithilfe des »Duce« vielleicht vermeiden. Mussolini schlägt für den 5. September eine Konferenz vor, ähnlich wie im Vorjahr in München. Darüber berichtet Ciano dem englischen Botschafter in Rom und bittet um Antwort. Hat der Frieden doch noch eine Chance?

**Paris:** Außenminister Bonnet kommt den gesamten Tag nicht vom Telefon los. Kurz nach Mittag hat ihm der französische Botschafter in Rom den Ernst der Lage vor Augen geführt. Hitler habe den Polen ein Ultimatum gestellt für die Entsendung eines Unterhändlers – aber man hält das Ganze für einen Bluff. Gegen 22 Uhr erfährt Bonnet, dass direkte Gespräche zwischen Berlin und Warschau endgültig vom Tisch seien. Polen werde sich nicht durch ein Ultimatum brüskieren lassen. Gegen Mitternacht empfängt der Außenminister mehrere Diplomaten: Der polnische Botschafter in Paris kennt die 16 deutschen Forderungen nur aus dem Rundfunk, sie erscheinen ihm ungeheuerlich. Inzwischen häufen sich die Zwischenfälle an der deutsch-polnischen Grenze.

**London:** Hektische Betriebsamkeit im Foreign Office. Aus Rom ist zu hören, Mussolini könne Hitler vielleicht bremsen. Überhaupt solle eine Konferenz den ganzen Versailler Vertrag revidieren. Davon hält Chamberlain nicht viel; zuerst müssten die Armeen demobilisiert werden, fordert er. Wahrscheinlich würde sich Hitler dem widersetzen.

In britischen Regierungskreisen kursieren erstaunliche Gerüchte: Die Moral in Deutschland sei schlecht, 70 Prozent seien gegen Hitler. Der deutsche Generalstab fürchte einen Zweifrontenkrieg. Botschafter Henderson will aus zuverlässiger Quelle erfahren haben, dass Deutschland Polen den Krieg erklären wird, falls es bis Mittag des kommenden Tages keine Zusage erhalte, dass die eigenen Forderungen erfüllt würden.

Der deutsche Botschaftsrat Theo Kordt trifft zu einem Gespräch mit dem britischen Diplomaten Robert Vansittart zusammen. Während der Unterredung erhält Kordt einen Anruf aus Deutschland: Der Rundfunk habe soeben verkündet, Hitler habe Polen ein großzügiges Angebot gemacht – das aber nun überholt sei. Der polnische Unterhändler habe am Vortag die ihm gesetzte Frist nicht eingehalten. Kordt ist empört über diesen Gaunertrick.

**Berlin:** Der deutsche Diplomat Ulrich von Hassell trifft den britischen Botschafter Henderson. Dieser ist noch immer erschüttert über die rüde Art Ribbentrops am Vorabend. Henderson drängt darauf, dass der polnische Botschafter Lipski sich sofort zu Verhandlungen einfinde.

Dramatische Stunden in der Reichskanzlei. Hier sind heute mehr braune Parteiuniformen zu sehen als sonst. Hitler spricht mit vielen alten Parteigenossen, zeitweise zieht er sich mit ausländischen Diplomaten oder einem deutschen General in den Wintergarten oder den Musiksalon zurück. Er äußert sich sehr freimütig: Morgen gehe es los. Für den nächsten Tag, 10 Uhr, hat Hitler den Reichstag einberufen.

Aus Rom kommt die Anregung zur internationalen Konferenz. Göring ist offensichtlich mulmig zumute; aber dem »Führer« gibt er keine Widerrede. Diplomaten haben versucht, über Görings Schwester auf den Minister einzuwirken, damit der Frieden erhalten bleibt. Göring spricht sich dafür aus, Botschafter Henderson die 16 Punkte schriftlich zu überlassen; außerdem will er den Schweden Dahlerus bitten, noch einmal nach London zu fliegen. Hitler ist dagegen.

Am Nachmittag hat sich tatsächlich der polnische Botschafter Lipski im Auswärtigen Amt eingefunden; man lässt ihn warten. Ribbentrop empfängt ihn erst am Abend. Als Lipski eröffnet, er habe keine Vollmacht für Verhandlungen bei sich, bricht Ribbentrop das Gespräch unvermittelt ab. Lipski erklärt, seine Regierung sei erst in der vergangenen Nacht von der britischen Regierung über die Möglichkeit direkter deutsch-polnischer Verhandlungen unterrichtet worden. Warschau werde in den nächsten Stunden eine förmliche Antwort geben.

Zu später Stunde in der Reichskanzlei schimpft Hitler ein weiteres Mal über die Engländer: Der britisch-polnische Beistandspakt vom 25. August sei ihm ein Beweis, dass Chamberlain ihn herausfordern wolle.

Am Abend berichtet der deutsche Rundfunk über die Ereignisse der vergangenen drei Tage. Auch von der Liste mit den 16 Punkten ist die Rede. Am Ende der Sendung heißt es, die polnische Regierung sei auf die »loyalen, fairen und erfüllbaren« deutschen Forderungen nicht eingegangen. Was das bedeutet, liegt auf der Hand.

**Gleiwitz:** Gegen 16 Uhr gibt Sicherheitspolizeichef Reinhard Heydrich das Codewort aus: »Großmutter gestorben«. Ein SS-Kommando unter Alfred Naujocks weiß genau, was zu tun ist. Es ist kurz vor 20 Uhr, als die Männer, bewaffnet mit Maschinenpistolen, in das Gebäude des Senders Gleiwitz eindringen. Sie geben Schüsse ab und fesseln das Personal. Es ist nicht einfach für sie, auf Sendung zu gehen, sie haben wenig Erfahrung. Schließlich schaffen sie es. *»Uwaga, uwaga«,* beginnt einer von ihnen, Achtung, Achtung. Dann weiter, auf Polnisch: »Hier ist der polnische Sender Gleiwitz. Der Sender befindet sich in polnischer Hand. Die Stunde der Freiheit ist gekommen.« Knapp vier Minuten dauert das Verlesen der Botschaft. Sie endet mit den Worten: »Hoch lebe Polen!« Dann machen sich die falschen Polen davon. Im deutschen Radio verbreitet man umgehend, der Sender Gleiwitz sei von Polen überfallen worden.

### FREITAG, 1. SEPTEMBER

**Berlin:** Am Vormittag verkündet Hitler im Reichstag: »Seit 5.45 Uhr wird jetzt zurückgeschossen!« Der Krieg hat begonnen. ■

**WEITERLESEN**
Manfred Vasold: »August 1939. Die letzten elf Tage vor Ausbruch des Zweiten Weltkriegs« Kindler Verlag, München 1999

MANFRED VASOLD *ist Publizist und Übersetzer. Er lebt in Oberbayern*

# SOPHIE SCHOLL

Urlaub im Norden: Ende Juli 1939 fahren Sophie Scholl und ihr Freund Fritz Hartnagel an die See. Sie steht kurz vor dem Abitur, er ist Offizier der Wehrmacht. Mit einem Omnibus zuckeln sie von Küste zu Küste: Sie sonnen sich in den Dünen auf Sylt und schauen vom Strandkorb aus aufs Meer vor Heiligenhafen. Zum Abschluss geht es ins baumumstandene Künstlerdorf Worpswede. Da zitiert die Wehrmacht Fritz zurück zur Einheit. Er kommt in den Schwarzwald, nahe der Grenze zu Frankreich. Anfang September, kurz nach Kriegsbeginn, schreibt er an sie: »Wir warten nun stündlich, daß es auch hier bei uns zum Knallen kommt. Wenn wir's auch nicht hoffen wollen, so freuen wir uns natürlich insgeheim darauf.« Sophie antwortet: »Ich kann es nicht begreifen, daß nun dauernd Menschen in Lebensgefahr gebracht werden von andern Menschen. Ich kann es nie begreifen und finde es entsetzlich. Sag nicht, es ist fürs Vaterland.« Fritz beschwert sich, dass Sophies Zeilen ihn in Konflikt bringen mit seiner Rolle als Soldat. Doch langsam beginnt auch er zu zweifeln. Es entspinnt sich ein leidenschaftlicher Dialog. Sophie schreibt im April 1940, kurz nach ihrem Abitur: »Ich mag gar nicht dran denken, aber es gibt ja bald nichts anderes mehr als Politik, und solange sie so verworren ist und böse, ist es feige, sich von ihr abzuwenden.«
Endgültig zum Gegner von Krieg und Regime entwickelt sich auch Fritz, als er im Sommer 1942 in der Sowjetunion Zeuge wird, mit welcher »zynischen Kaltschnäuzigkeit«, so schreibt er in einem Feldpostbrief, die deutschen Soldaten ihren Vernichtungskrieg führen. Er überlebt zwar die Schlacht von Stalingrad, aber Sophie sieht er nie wieder.
Sie hat sich Ende 1942 dem Widerstandskreis um ihren Bruder Hans angeschlossen, wird im Februar bei einer Flugblattaktion in der Universität München verhaftet und kurz darauf hingerichtet. **FLO**

# Mythos der modernen Wehrmacht

Für die deutsche Propaganda besteht kein Zweifel: Gegen Polen kämpft eine gut ausgebildete, hochmoderne Panzerarmee. Die Realität sieht anders aus

VON SÖNKE NEITZEL

Innerhalb von achtzehn Tagen hat jene erstaunliche Kampfmaschine, die die deutsche Armee darstellt, Polen überrannt, seine Armeen vernichtet, seine Regierung vom polnischen Boden verjagt.« Der amerikanische Journalist William L. Shirer notierte diese Zeilen am 21. September 1939 in sein Tagebuch. Er berichtete eigentlich kritisch aus Berlin. Von der Wehrmacht aber war er offenbar beeindruckt. So sehr, dass er auch in der 1941 veröffentlichten Version seines Tagebuches den deutschen Propagandaslogan vom »Feldzug der 18 Tage« übernahm. Die Welt der Schlagzeilen funktionierte schon damals. Die Rede vom blitzartigen Sieg einer schier übermächtigen Armee war bald in aller Munde.

**SPALIER VOR TRÜMMERN** Deutsche Soldaten warten am 5. Oktober in der zerstörten polnischen Hauptstadt auf die Siegesparade

Die Realität sah anders aus. Selten waren deutsche Streitkräfte so unvorbereitet in einen Krieg gegangen wie 1939. Durch die Auflagen des Versailler Vertrages war die Reichswehr während der Weimarer Republik kaum kriegsfähig und bestand 1933 aus gerade einmal 115.000 Mann. In nur sechs Jahren wurde aus diesem Kern ein 2,6-Millionen-Heer. Es war unmöglich, eine so große Anzahl von Soldaten in so kurzer Zeit gut auszubilden und auszurüsten.

Von den 54 Divisionen, mit denen die Wehrmacht Polen angriff, bestanden viele aus unerfahrenen und reichlich alten Soldaten, die noch mit Maschinengewehren aus dem Ersten Weltkrieg kämpften. Motorisiert waren überhaupt nur 15 Divisionen, alle anderen zogen wie zu Kaisers Zeiten zu Fuß und mit Pferden in die Schlacht. Die Deutschen konnten zwar die beeindruckende Zahl von 3600 Panzern aufbieten, aber die allermeisten waren für einen modernen Krieg weitgehend unbrauchbar. Es war also keineswegs gewiss, dass die Wehrmacht umsetzen konnte, was ihr Generalstab am Kartentisch plante.

Und zweifellos war die polnische Armee ein ernst zu nehmender Gegner. Sie bot etwa 1,3 Millionen Soldaten auf (gegenüber 1,5 Millionen deutschen Angreifern), verfügte über 750 – allerdings zumeist veraltete – Panzer und hatte in den Jahren 1920/21 im Krieg gegen die Rote Armee bewiesen, dass sie zu kämpfen verstand. Ein erheblicher Nachteil war allerdings die geografische Ausgangslage, die einen deutschen Angriff an mehreren Fronten ermöglichte. Zudem wählte der polnische Generalstab die denkbar ungünstigste Aufstellung der eigenen Truppen. Grenznah aufmarschiert, mussten sie eine 1900 Kilometer lange Frontlinie verteidigen. So gab es zu wenig Reserven, keine klaren Schwerpunkte und im August 1939 auch noch eine konfuse Mobilmachung.

**In den frühen Morgenstunden** des 1. September 1939 überschritten die deutschen Divisionen aus Pommern, Ostpreußen, Schlesien und aus der Slowakei heraus die Grenze. In einer doppelten Zangenoperation sollten die polnischen Streitkräfte westlich und östlich der Weichsel umfasst und zerschlagen werden. In heftigen Gefechten durchbrach die Wehrmacht die polnischen Stellungen, die motorisierten Divisionen stießen rasch ins Hinterland vor. Sie weiteten die taktischen Erfolge aus und rissen so die gesamte Verteidigung ein.

Nach wenigen Tagen befanden sich die polnischen Streitkräfte überall auf dem Rückzug. Am 6. September fiel Krakau, bereits am 8. September erreichten deutsche Panzer die Vororte Warschaus, wo sie zunächst noch zurückgeschlagen wurden. Die polnische Pommern- und Posen-Armee versuchten aus der drohenden Umklammerung nach Osten auszubrechen, überrannten in der Schlacht an der Bzura Teile einer deutschen Infanteriedivision, machten 1500 Gefangene, blieben dann aber im Feuer herbeieilender deutscher Reserven liegen. Am 19. September mussten sich die Reste der beiden Armeen ergeben.

Mittlerweile hatte die Wehrmacht, aus Ostpreußen und Schlesien vorstoßend, bei Brest-Litowsk eine zweite Zange geschlossen. Die Lage für Polen wurde zunehmend hoffnungslos, zumal Großbritannien und Frankreich keinerlei Anstalten machten, ihr Versprechen einer Entlastungsoffensive im Westen einzulösen. Zu allem Übel trat am 17. September auch noch die Sowjetunion in den Krieg ein und besetzte den kaum verteidigten Osten Polens. In Warschau hielten sich die Verteidiger unter heftigem deutschem Bombardement noch bis zum 28. September. Die letzten polnischen Soldaten legten am 6. Oktober ihre Waffen nieder.

Einen Tag zuvor hatte Hitler vor dem Belvedere in Warschau seine Siegesparade abgehalten. Er hatte zweifelsohne mit einem Erfolg gerechnet, aber die Geschwindigkeit der eigenen Operationen kam doch überraschend. Das Wort vom »Blitzkrieg« machte die Runde. Später meinten Historiker gar, es habe eine regelrechte deutsche Blitzkrieg-Strategie gegeben: In schnellen Feldzügen sollten die europäischen Mächte nacheinander geschlagen werden, um so gegen die Übermacht der Alliierten zu siegen.

Heute weiß man, dass es 1939 nichts dergleichen gab. Hitler hatte am 1. September keinen großen Kriegsplan, weil er überhaupt nicht mit einem Eingreifen der Westmächte rechnete. Erst nach dem unerwartet schnellen Sieg über Frankreich im Juni 1940 begannen Hitler und die Führung der Wehrmacht über den Moment hinauszudenken. Daher kann man eigentlich erst im Winter 1940/41 von einem expliziten Blitzkrieg-Plan sprechen, wobei der Begriff selbst in den deutschen Akten interessanterweise nie auftaucht.

Für sich genommen war der Feldzug gegen Polen aber durchaus ein Blitzkrieg – im Sinne einer Operationsführung, die auf Schnelligkeit, Bewegung und rasche Vernichtung der feindlichen Armeen setzte. Die operative Grundkonzeption des deutschen Militärs hatte sich damit seit den Einigungskriegen im 19. Jahrhundert nur wenig verändert. Mit sechs Panzerdivisionen und neun motorisierten Infanteriedivisionen sowie der Unterstützung durch die Luftwaffe waren 1939 aber, wenn auch begrenzt, die Mittel vorhanden, um einen modernen Bewegungskrieg zu führen. Schon im Ersten Weltkrieg war eine ähnliche Umfassungsoperation im Osten angedacht gewesen, angesichts der mangelnden Beweglichkeit der Infanterie hatte man die Pläne aber fallen lassen. Ganze 15 Divisionen machten nun den Unterschied aus.

Ohne diese motorisierten Verbände hätte die Wehrmacht den Feldzug aller Wahrscheinlichkeit nach zwar auch für sich entschieden. Er wäre aber eher wie die Feldzüge 1915 an der deutschen Ostfront oder 1916 in Rumänien verlaufen: Der Kampf hätte Monate gedauert, deutlich mehr Verluste gekostet, und wahrscheinlich hätten sich wesentlich mehr polnische Soldaten durch eine Flucht nach Rumänien der Gefangennahme entziehen können.

**Die Wehrmacht war 1939** wohl als einzige Armee der Welt in der Lage, einen weiträumigen Bewegungskrieg zu führen. Allerdings fiel die Bilanz nach Ende der Kampfhandlungen weniger glänzend aus, als die Propagandabilder suggerierten. Gewiss war die Leistung der Generalstäbe beeindruckend, aber die eklatanten Schwächen einer allzu schnell aufgebauten Friedensarmee waren nicht zu übersehen. Es fehlten vor allem gut ausgebildete Truppenoffiziere und -unteroffiziere, die man in den wenigen Jahren der Aufrüstung nicht herbeizaubern konnte. Ein Fünftel der deutschen Divisionen wurde erst im August 1939 aus eilig ausgebildeten Männern zusammengestellt. Selbstkritisch hielten die internen Erfahrungsberichte fest, dass die deutsche Infanterie des Jahres 1939 einen deutlich schlechteren Angriffsgeist als 1914 oder 1918 gezeigt habe: »Der Mann kämpft zu wenig«, hieß es. »Er geht zwar vor, aber weiß im feindlichen Feuer nicht, was er machen soll. Entweder lässt er sich totschießen oder verkriecht sich in kleinen Haufen hinter Deckungen.« Im Chaos des Gefechts waren es dann oft junge Zug- oder Kompanieführer, die für Zusammenhalt sorgten. Deren Todesquote war entsprechend hoch.

Im September 1939 zeigte sich einmal mehr, dass es keine Ausbildung gibt, die wirklich auf den Krieg vorbereiten kann. Töten und Sterben lässt sich nicht einüben. So waren die deutschen Soldaten gerade in den ersten Kriegstagen übernervös und reagierten

**KURZ VOR ABFLUG**
Besprechung mit Offizieren am 15. September: In den ersten Wochen des Krieges lässt sich Hitler häufig mit seinem Flugzeug »Grenzmark« an die Front fliegen

zuweilen panisch, wenn sie zum ersten Mal in Artillerie- oder MG-Feuer gerieten. Wilde Meldungen über riesige feindliche Truppenverbände kursierten, Hilferufe nach Artillerieunterstützung waren keine Seltenheit. Häufig kam es zu heftigem »Angstschießen«, insbesondere in der Nacht oder in Wäldern.

Die Unerfahrenheit der deutschen Soldaten war ein wichtiger Grund für die Gewalteskalation in Polen. Die Invasoren hielten bald jeden plötzlichen Schuss für einen heimtückischen Freischärler-Angriff. Sie antworteten mit zügelloser Gewalt, brannten wahllos Häuser nieder und ermordeten Tausende Einwohner. Es gab zwar durchaus polnische Zivilisten, die sich am bewaffneten Widerstand beteiligten, was nach deutschem Kriegsrecht illegal war und mit dem Tode bestraft werden konnte. Allerdings hielten sich die deutschen Truppen kaum an die entsprechenden Regularien, die immer ein ordentliches Kriegsgerichtsverfahren vorsahen.

**BESIEGT UND GEFANGEN** Kolonne polnischer Soldaten im September 1939 auf einer Landstraße, von Wehrmachtsoldaten bewacht

Zu Beginn des Ersten Weltkriegs war es 1914 zu ganz ähnlichen Gewaltausbrüchen gekommen – in Belgien durch deutsche Truppen, in Ostpreußen durch russische und in Serbien durch österreichisch-ungarische Verbände. Neben situativen Faktoren und ethnisch-kulturellen Spannungen, die es 1914 ebenso gegeben hatte, verschärfte 1939 die nationalsozialistische Prägung die Gewaltbereitschaft der deutschen Truppen. Der Charakter der deutschen Kriegführung war spürbar anders als im Ersten Weltkrieg. Allerdings gab es die traditionellen Denkmuster vom fairen Kampf immer noch. Die deutschen Erfahrungsberichte sprachen – trotz der rassistischen Tonlage vieler Befehle – oft mit großer Anerkennung von der Tapferkeit der polnischen Soldaten. Das XV. Armeekorps hielt im Oktober 1939 sogar fest, dass die Vaterlandsliebe und vorbildliche soldatische Haltung des polnischen Soldaten den eigenen Männern als Vorbild zu vermitteln seien. Gewalt gegen die Zivilbevölkerung wurde in offiziellen Stellungnahmen mehrfach scharf abgelehnt. Oberstleutnant Theodor Graf von Sponeck schrieb in einem offiziellen Bericht: »Schießen auf wehrlose Einwohner ohne Waffe ist gemeiner Mord.« Große Auswirkungen hatten solche Zeilen freilich nicht. Die Wehrmacht sollte sich in den kommenden Jahren weiter radikalisieren, die Forderungen nach Mäßigung verstummten schon bald.

**War eine ähnliche Radikalisierung** wie im Heer auch bei der Luftwaffe zu beobachten? Bereits am ersten Kriegstag bombardierten deutsche Sturzkampfbomber in mehreren Wellen die Kreisstadt Wieluń, 300 bis 450 Zivilisten kamen dabei ums Leben. Lange wurde unter Historikern diskutiert, ob der Angriff als Auftakt zu einem Terrorkrieg aus der Luft gewertet werden müsse oder ob er polnischen Truppen in der Stadt gegolten habe. Hans-Erich Volkmann hat überzeugend herausgearbeitet, dass nicht die Luftwaffenführung den Angriff befahl, sondern Fliegergeneral Wolfram von Richthofen die Bombardierung anordnete, um die Einsatzfähigkeit und Funktionstüchtigkeit der ihm unterstellten Sturzkampfbomber zu erproben.

Da sich in Wieluń keine polnischen Truppen aufhielten, handelte es sich bei dem Angriff eindeutig um ein Kriegsverbrechen. Auch nach damaligem Rechtsverständnis war die gezielte Bombardierung ziviler Ziele völkerrechtswidrig. Gleichwohl war der Angriff kein Auftakt zum totalen Bombenterror in Polen: Nach Wieluń führte die Luftwaffe einen eher konventionellen Krieg; sie erkämpfte die Luftherrschaft, griff die polnische Infrastruktur im Hinterland an und machte polnische Truppenbewegungen bei Tag zunehmend unmöglich. Dabei wurden auch polnische Städte und Dörfer angegriffen. Kollateralschäden nahm man billigend in Kauf. Eine Rücksichtnahme auf die Zivilbevölkerung aus moralischen Gründen gab es zu keinem Zeitpunkt. Dies hätte in letzter Konsequenz bedeutet, auf Luftangriffe zu verzichten. Die Großmächte aber waren sich einig, die Haager Luftkriegsregeln von 1923, welche die Bombardierung militärischer Ziele unter Inkaufnahme ziviler Schäden verbieten sollten, nicht zu ratifizieren, weil niemand in einem zukünftigen Krieg auf Bombenangriffe verzichten wollte. Sieht man von Wieluń ab, entsprach der Luftkrieg der Wehrmacht im Ansatz zunächst also dem internationalen Rechtsverständnis.

Dies änderte sich mit den deutschen Luftangriffen auf Warschau, die schwere Zerstörungen anrichteten und zwischen 4000 und 7000 Zivilisten töteten. Generalleutnant Friedrich Olbricht, später eine zentrale Figur des 20. Juli, schrieb am 2. Oktober 1939 in sein Tagebuch: »Es ist eine Tragödie noch nie dagewesenen Ausmaßes, die über diese Stadt hereingebrochen ist. [...] Wenn jemand einen Eindruck haben will, welche Schrecken der Krieg hat, dann muß er nach Warschau fahren.«

Die Stadt wurde am 16. September zur Kapitulation aufgefordert. Als der Kommandant ablehnte, wurde Warschau mit Artillerie beschossen und aus der Luft bombardiert, was nach damaligem Verständnis erlaubt war. Die Ziele waren zunächst von militärischer oder wirtschaftlicher Bedeutung: Regierungsgebäude, Einrichtungen der Elektrizitäts- und Wasserversorgung oder die Fernsprechämter wurden anvisiert. Als Wolfram von Richthofen Vernichtungsangriffe auf das gesamte Stadtgebiet forderte, lehnte der Generalstabschef der Luftwaffe, Hans Jeschonnek, dies noch ab. Allerdings waren die Bombenabwürfe auch derart ungenau, dass fast alle Stadtviertel und sogar die eigenen Truppen getroffen wurden. Dann gab Hitler am 22. September »Teilangriffe gegen Häuserblocks und Stadtviertel« frei, was nichts anderes bedeutete, als dass nun eindeutig zivile Ziele in den Blick gerieten. Dies galt insbesondere für den 25. September, als beim bis dahin schwersten Luftangriff der Geschichte 632 Tonnen Bomben abgeworfen wurden. Die Bedenken des Oberbefehlshabers der 8. Armee, Generaloberst Johannes Blaskowitz, gegen den Einsatz von Brandbomben wurden nicht weiter beachtet. Am 26. September begann der Sturmangriff deutscher Truppen auf die Stadt. Zwei Tage später kapitulierte Warschau unter dem Eindruck des deutschen Dauerbombardements.

**Der Feldzug gegen Polen** markiert den Anfang eines Weltkrieges, den die Wehrmacht mit ihrem militärischen Handwerk und ihren Verbrechen wesentlich prägte. Noch gab es Stimmen, die unrechtmäßige Gewalt selbst im offiziellen Schriftverkehr ablehnten. Kritisch war man auch gegenüber den eigenen militärischen Fähigkeiten. Die Generalität ließ sich vom Propagandaslogan des »Feldzugs der 18 Tage« nicht blenden und blickte im Oktober 1939 eher skeptisch in die Zukunft. Der Erfolg dürfe nicht überbewertet werden, bei einem Gegner wie Frankreich hätten die offensichtlichen Schwächen des Heeres böse Folgen haben können, hieß es. Im Sommer 1940 war dann auch diese Kritik nicht mehr zu hören. Noch ein weiteres Jahr später sollte sich die Wehrmacht in einem Akt maßloser Selbstüberschätzung gegen die Sowjetunion zu Tode siegen. ■

SÖNKE NEITZEL *ist Professor für Militärgeschichte und Kulturgeschichte der Gewalt an der Universität Potsdam*

**WEITERLESEN**
Robert M. Citino: »The Path to Blitzkrieg. Doctrine and Training in the German Army 1920–1939« University Press of Kansas 2008

**BRUCH DES FRIEDENS** Deutsche Soldaten und Grenzpolizisten stemmen den Schlagbaum beiseite. Tatsächlich haben Soldaten die Grenze zu Polen hier bereits vor Stunden passiert (Foto unten)

# Grenztheater

**Das Schlagbaum-Foto vom 1. September 1939 ist zur Ikone geworden. Dabei zeigt die Aufnahme nur ein groteskes Schauspiel**

An der kleinen Grenzstation Kolibki im Norden Danzigs beginnt der Zweite Weltkrieg denkbar unspektakulär. Am Vormittag des 1. September 1939 überqueren deutsche Soldaten in der Uniform der Danziger »Landespolizei« die Grenze zu Polen: lässig im Spazierschritt, so als ginge es zum Jagdausflug. Am Nachmittag erreicht die Wehrmacht die Kontrollstation, Infanteristen der 4. Armee, die von Pommern aus nach Danzig vorgestoßen sind und nun ebenfalls den weit geöffneten Schlagbaum passieren. Das haben sich die in Kolibki versammelten Fotografen und Kameraleute der Propagandakompanie irgendwie anders vorgestellt.

Die Propaganda braucht symbolträchtige Bilder, auch etwas Dramatik kann nicht schaden. Also noch mal von vorn. Die Infanteristen überqueren ein zweites Mal die Grenze, diesmal aber drücken sie den Schlagbaum kräftig zur Seite, bis er bricht. Damit dies vor laufender Filmkamera prompt gelingt, wird er vorher angesägt. Neun Soldaten und Polizisten stemmen sich gegen den Baum, einer hält etwas linkisch ein Blechschild mit dem polnischen Adler in der Hand – und der Danziger Fotograf Hans Sönnke bekommt das Motiv seines Lebens.

Wie so viele Kriegsbilder, die vom Triumph der Sieger erzählen, zeigt auch dieses nur ein Schauspiel. Ein groteskes Reenactment, triefend vor Symbolik: Mit dem Schlagbaum wird die Versailler Friedensordnung zertrümmert, die Danzig durch den polnischen »Korridor« vom Reich getrennt hat. So sieht die Propaganda den Krieg. Doch Sönnkes Aufnahmen der gestellten Szene – es gibt mehrere Einstellungen – kommen zu spät in Umlauf, um es noch auf die Titelseiten deutscher Tageszeitungen zu schaffen. Lediglich einige Wochenblätter wie die *Hamburger Illustrierte* veröffentlichen seine Fotos.

Die steile Karriere des inszenierten Grenzbruchs beginnt erst in der Nachkriegszeit, mit Wucht in den Neunzigerjahren. In Fernsehproduktionen, Schulbüchern und Sammelbänden avanciert das Motiv zum Schlüsselbild für den Beginn des Zweiten Weltkriegs. Vergleichbar mit der Aufnahme von den beiden Rotarmisten, die im Mai 1945 auf dem Berliner Reichstag die Sowjetfahne hissen – eine Bildikone für das Kriegsende. Man ahnt es schon: Auch diese Szene ist gestellt. **WER**

# Walküre aus Oxford

**Die Adelstochter Unity Mitford dringt in Hitlers engsten Kreis vor – und will sterben, als Großbritannien Deutschland den Krieg erklärt**

Am 3. September 1939, kurz vor fünf am Nachmittag, fallen am Englischen Garten in München zwei Schüsse. Der erste verfehlt sein Ziel, der zweite trifft. Eine junge Frau hat mit einer Pistole auf ihren Kopf gezielt und zweimal abgedrückt, so schildert es später ein Zeuge. Die Frau heißt Unity Valkyrie Mitford, ist Britin und eine von sechs Töchtern des Lords Redesdale aus Oxfordshire. In München kennt man sie als Freundin und glühende Anhängerin Adolf Hitlers.

Die Nationalsozialisten haben die blonde Mitford gerne präsentiert als Vorzeige-Faschistin aus Britannien; bei öffentlichen Auftritten für die NSDAP und in Artikeln bekennt sie, wie sehr sie die Juden hasst und den »Führer« verehrt. Sie drängt die Menschen in ihrer Heimat, endlich zu erkennen, dass Briten und Deutsche dazu bestimmt sind, sich zu verbünden, um die Welt zu beherrschen. Am 3. September 1939 aber passiert das Gegenteil: Großbritannien erklärt Deutschland den Krieg. Unity habe stets angekündigt, sich zu erschießen, sollte dieser Moment kommen, erzählt später ihre Schwester Diana. Die Schüsse überlebt Unity, eine Kugel bleibt aber im Kopf stecken. Sie wird ins Krankenhaus gebracht, jedoch nicht operiert; der Eingriff wäre zu riskant.

Fünf Jahre zuvor, im Sommer 1934, kommt Mitford als Sprachstudentin nach München, gerade 20 Jahre alt. Sie findet schnell heraus, in welchen Restaurants Hitler verkehrt, wenn er in der Stadt ist. Tag für Tag geht sie zur Osteria Bavaria in der Schellingstraße – bis der »Führer« sie im Februar 1935 tatsächlich dort an seinen Tisch bittet. »Der schönste Tag in meinem Leben. Ich bin so glücklich, dass es mir nichts ausmachen würde, jetzt zu sterben«, schreibt Unity an ihren Vater.

Hitler entwickelt großes Interesse an der jungen Britin, als er erfährt, dass sie den Namen Valkyrie trägt, weil ihr Großvater ein Freund Richard Wagners war. Es kann also nur mit der von ihm oft bemühten »Vorsehung« zu tun haben, dass die Walküre aus Oxford in sein Leben tritt. Ihre Freundschaft wächst: Bei den Olympischen Spielen 1936 sitzt Mitford in der Ehrenloge; Hitler lädt sie auf den Berghof bei Berchtesgaden ein, auch nach Berlin und zu den Wagner-Festspielen in Bayreuth. Und er verschafft ihr eine Wohnung in München-Schwabing: Als sie zur Besichtigung durch die Zimmer schreitet, sitzen die jüdischen Bewohner in einer Ecke. Sie würden »ins Ausland gehen«, schreibt Unity ihrer Schwester.

Mitford tritt gerne für die NSDAP auf, zum Beispiel auf Julius Streichers »Frankentagen«: »Heil Miss, Heil Hitler!« skandiert die Menge. Die junge Britin dringt in den innersten Kreis vor, der Hitler umgibt. Zwischen 1935 und 1939 trifft er sie so häufig, dass Eva Braun bald in ihr eine Konkurrentin sieht.

Mitford drängt Hitler wieder und wieder, mit Großbritannien eine Allianz zu schmieden. Sie unternimmt allerdings keine Versuche, auch die britische Regierung zu überzeugen. Sie will einen Krieg zwischen ihrer Heimat und Deutschland verhindern, wünscht sich auch für Großbritannien den Nationalsozialismus und fordert öffentlich: »England für Engländer! Die Juden hinaus!« Ihre Haltung illustriert, wie nah die Weltsicht der britischen Oberschicht in den Dreißigerjahren den Zielen der NS-Bewegung kommen konnte.

Mit 80 Jahren Abstand wirkt ihre Geschichte wie eine groteske Episode vom Boulevard, bis heute ranken sich zahlreiche Mythen um sie: Mal hat Mitford ein Kind von Hitler zur Welt gebracht – obwohl es keine Anzeichen für ein Liebesverhältnis gibt. Mal ist sie Agentin oder Doppelagentin – auch dafür fehlt jeder Hinweis. Schließlich sollen die Schüsse auf sie ein Mordversuch im Auftrag der Gestapo gewesen sein, oder der Briten. Auch das ist reine Spekulation, die der Aussage des Tatzeugen widerspricht.

Am 8. November 1939 besucht Hitler Mitford ein letztes Mal am Krankenbett. Danach kommt sie in ein Hospital in der Schweiz und wird Anfang 1940 von ihrer Schwester und ihrer Mutter per Zug und Schiff nach Großbritannien geholt. Sie wird nie wieder gesund und stirbt 1948 auf einer Insel in Schottland. **FLO**

**»HEIL MISS, HEIL HITLER!«** Unity Mitford und Hitler bei einem Spaziergang im Englischen Garten in München, wahrscheinlich im Sommer 1937

# Sonderbare Stille

**ETWAS LIEGT IN DER LUFT** Straßenszene in Essen zwischen Markt und Kino am 1. September 1939: Die Menschen harren aus, um Hitlers Rede zum Einmarsch in Polen zu hören

Anders als im August 1914 entfacht der Kriegsbeginn 1939 in Deutschland keine Jubelstürme. Bis heute glauben Historiker deshalb, die NS-Propaganda habe die Bevölkerung nicht mobilisieren können. Doch das ist ein Mythos VON JANOSCH STEUWER

Von einer »gigantischen Demonstration«, wie sie Berlin seit dem Kriege nicht mehr erlebt habe, sprachen die Zeitungen am nächsten Morgen: 20.000 Männer der SA, der SS und des Stahlhelms waren am Abend des 30. Januar 1933 durch das Regierungsviertel gezogen, um mit ungezählten Zuschauern den neuen Reichskanzler Adolf Hitler und seine rechte Koalitionsregierung zu feiern. Teilnehmer und Beobachter im In- und Ausland stuften den 30. Januar als historischen Tag ein, schon weil die Menschenmassen sie an ein anderes Ereignis erinnerten: Die »Stimmung«, so verkündete der neue Reichsminister Hermann Göring noch am Abend im Radio, lasse sich nur »mit jenen Tagen im August 1914« vergleichen, als schon einmal die »Nation aufstand, um das wertvollste Gut des Vaterlandes, die Ehre und die Freiheit zu verteidigen«.

Das bereits vor 1933 viel beschworene »Augusterlebnis«, die nationalistische Euphorie eines »geeinten Volkes«, mit der die deutschen Truppen 1914 in den Weltkrieg gezogen seien, war für die Nationalsozialisten von überragender Bedeutung. In ihm bündelte sich anschaulich, worauf das NS-Regime im Kern zielte: die Wiederherstellung der Einheit der Nation, die 1914 erreicht worden sei, bevor »Juden«, »Novemberverbrecher« und andere »Volksfeinde« sie zerstört und damit die Kriegsniederlage besiegelt hätten. Nicht zuletzt die ikonisch gewordenen Bilder der den »Führer« umjubelnden Volksmassen, welche die Propagandamaschinerie nach 1933 beständig verbreitete, zeugen davon, wie sehr die Nationalsozialisten einer verklärten Erinnerung an die Jubelszenen zu Beginn des Ersten Weltkrieges nacheiferten.

Als das NS-Regime am 1. September 1939 einen neuen Krieg entfesselte, blieb es still auf den Straßen und Plätzen. Weder in Berlin noch in anderen Städten kam es an diesem Tag oder in den folgenden Wochen zu Massenaufläufen und Kundgebungen, wie sie das Erscheinungsbild des »Dritten Reiches« in den Dreißigerjahren so nachdrücklich bestimmt hatten. Politische Beobachter im In- und Ausland irritierte dies sehr. Viele wunderten sich über die gänzlich andere Stimmung, in der nichts von »einer Kriegsbegeisterung wie 1914« zu spüren war. Ausländische Journalisten werteten den »großen Unterschied zur Stimmung beim letzten Krieg« als das »Bemerkenswerteste« an der Lage in Deutschland: »Es gibt keine Hurrarufe, Paraden, Spruchbänder oder Blumen wie 1914«, hielt etwa der amerikanische Journalist Lothrop Stoddard Joseph Goebbels in einem Interview im Januar 1940 vor Augen. Den Propagandaminister konnte dies nicht überraschen: Auch die Stimmungsberichte der NS-Sicherheitsorgane hatten vielfach die seltsame Stille dokumentiert, die nach Kriegsbeginn auf den Straßen herrschte.

Historikerinnen und Historiker haben sich diese Wahrnehmung zu eigen gemacht und aus der Beobachtung der »zweierlei Kriegsanfänge« von 1914 und 1939 weitreichende Schlüsse gezogen. In ihren Augen hat im Herbst 1939 »tiefe Niedergeschlagenheit« unter den Deutschen geherrscht, die nur »widerwillig« in den neuen Krieg gezogen seien. Trotz aller Propaganda habe das NS-Regime es nicht geschafft, das Volk hinter sich zu vereinen. Gemessen am selbst gesteckten Ziel, »eine dem August 1914 vergleichbare Kriegsbegeisterung zu entfachen«, müsse »geradewegs von einem Scheitern des Regimes« gesprochen werden, gab der Militärhistoriker Wolfram Wette in einem wegweisenden Aufsatz vor 40 Jahren jene Deutung vor, die noch immer Bestand hat. Statt einer geeinten »Volksgemeinschaft« sei bei Kriegsbeginn vor allem sichtbar geworden, was Deutsche und NS-Führung voneinander trennte.

**Doch es gibt gute Gründe,** diese kanonisierte Deutung des Kriegsbeginns 1939 zu überdenken. Zu den wichtigsten gehört, dass die historische Forschung bereits vor einigen Jahren ein deutlich vielschichtigeres Bild der Reaktionen im August 1914 gezeichnet hat, als es die Gegenüberstellung der zweierlei Kriegsanfänge behauptet. Gerade die Auswertung persönlicher Briefe und Tagebücher hat nicht nur Begeisterung zutage gefördert: Auf dem Land sorgten sich Bauern ob der Probleme, die aus der kriegsbedingten Abwesenheit der Landarbeiter für ihre Höfe erwachsen würden. In den Städten konzentrierte sich der patriotische Jubel auf die Innenstädte, während in den Arbeitervierteln eine eher gedrückte Stimmung herrschte. Hier reagierte man im August 1914 distanziert bis ablehnend statt zustimmend oder begeistert. Getragen wurden die enthusiastischen Demonstrationen vor allem vom städtischen Bürgertum, zu dem auch jene Journalisten gehörten, deren Artikel und Berichte lange Zeit als Beleg für einen allgemeinen Kriegseifer galten. Doch inzwischen ist klar: Die in diesen Texten ausgedrückte Begeisterung der bürgerlichen Öffentlichkeit erfasste andere gesellschaftliche Gruppen nur in eher geringem Maße.

Gleiches lässt sich für den Beginn des Zweiten Weltkriegs zeigen. Auch hier legen Tagebücher und Briefe statt übergreifender Niedergeschlagenheit ganz unterschiedliche Reaktionen frei. Berichteten manche Zeitgenossen von der »finsteren Wolke des

**KRIEGSLÜGE**
Staatstragend statt jubelbereit: Hitler verkündet im Reichstag, dass gegen Polen nun »zurückgeschossen« werde

Krieges, der Angst, der Trennungsnot«, die sich auf die Gemüter der Deutschen gelegt habe, zeigten sich andere »überwältigt« und »stolz« auf einen »Feldzug«, wie ihn »die Weltgeschichte ja noch nicht erlebt« habe. Es sei doch »wunderschön, Deutsche zu sein«, schrieb die Schülerin Lore Walb.

**Als Erklärung** für die vermeintlich schlechtere Stimmung wird immer wieder die noch wache Erinnerung an den Ersten Weltkrieg angeführt. Doch auch sie hielt Zeitgenossen nicht davon ab, den neuerlichen Krieg zu begrüßen. Ein 1910 geborener Buchhalter etwa, der im Ersten Weltkrieg seinen Bruder verloren hatte, pries 1939 in seinem Tagebuch den neuen Krieg als Beweis für das nun »geeinte«, zu allen Opfern bereite Volk und begriff den Tod seines Bruders als besondere Verpflichtung: »Bruder, Dich abzulösen, dazu bin ich bereit.«

Auch zahlreiche jüdische Deutsche, denen bis Kriegsbeginn noch nicht die Flucht ins Ausland geglückt war, zeichneten ein gänzlich anderes Bild als das einer widerwillig in den Krieg ziehenden Nation. Der Romanist Victor Klemperer, der in den ersten Kriegstagen versuchte, die vox populi im Tagebuch zu erfassen, resümierte seine Eindrücke mit den Worten: »Alles in allem: Nachrichten und Maßnahmen ernst, Volksstimmung absolut siegesgewiß. Zehntausendmal überheblicher als 1914.«

Ebenso wie im August 1914 reagierten die Deutschen auch im Herbst 1939 alles andere als einheitlich auf die Nachricht vom Kriegsbeginn. Das in ihren Aufzeichnungen greifbare Spektrum an Reaktionen unterscheidet sich nicht von jenem ein Vierteljahrhundert zuvor. Anders war lediglich das öffentliche Erscheinungsbild des Kriegsanfangs. Doch so wie sich aus den Jubelbildern vom August 1914 nicht einfach schlussfolgern lässt, dass die meisten Deutschen tatsächlich mit Begeisterung in den Weltkrieg zogen, lässt sich auch aus dem Umstand, dass es 1939 still auf den Straßen blieb, nicht schließen, dass gedrückte Stimmung vorgeherrscht habe.

Das gänzlich andere Erscheinungsbild versteht besser, wer einen genaueren Blick auf die propagandistische Inszenierung des Kriegsbeginns 1939 wirft. Die leeren Straßen und Plätze fügten sich nämlich ausgesprochen gut in das offizielle Bild, welches das NS-Regime von diesem Ereignis zu zeichnen versuchte. Statt eine dem August 1914 vergleichbare Kriegsbegeisterung entfachen zu wollen, verfolgte die Öffentlichkeitspolitik der NS-Führung im

Herbst 1939 das entgegengesetzte Ziel: Erinnerungen an die jubelnden Massen des Sommers 1914 sollten möglichst vermieden werden.

Dies zeigt sich schon daran, dass die NS-Führung darauf verzichtete, sich direkt an das Volk zu wenden. Wichtige politische Ereignisse waren in den vorangegangenen Jahren stets von Kundgebungen und Ansprachen Hitlers oder anderer Repräsentanten des Staates begleitet worden, die der Rundfunk ins ganze Land übertragen hatte. Bei diesen Gelegenheiten entstand ein Großteil der Bilder, die den »Führer« umringt von einer ekstatischen Menschenmenge zeigen.

Doch als der Termin für den Angriff auf Polen näher rückte, verzichtete das NS-Regime auf diese Art der Kommunikation: Es wurden keine Massenversammlungen organisiert. Die führenden Repräsentanten von Staat und Partei hielten keine Volksreden, um die Stimmung aufzuheizen, im Gegenteil: Der für Anfang September vorgesehene Reichsparteitag und eine für Ende August geplante Feier zum 25. Jahrestag der Schlacht von Tannenberg wurden kurzfristig abgesagt. Beide Anlässe hätten die hervorragende Gelegenheit geboten, Bilder eines ekstatischen, kriegsbereiten Volkes zu produzieren. Selbst die NSDAP verzichtete im August und September auf Demonstrationen, die einen ähnlichen nationalistischen Begeisterungstaumel wie im August 1914 hätten wecken können.

Ein Jahr zuvor war dies noch anders gewesen. Als auf dem Höhepunkt der von den Nationalsozialisten provozierten Sudetenkrise ein Krieg in Europa unmittelbar bevorzustehen schien, hatte sich Hitler in einer Rede an die Deutschen gewandt. Die Großkundgebung im Berliner Sportpalast am 26. September 1938 war von Propagandaminister Goebbels aufwendig vorbereitet worden: Das Publikum war gezielt ausgewählt, die Radioübertragung mit Vorlauf angekündigt und der Beginn der Rede auf die beste Sendezeit am Abend gelegt worden, damit »das ganze Volk« an der »entscheidenden Stunde« der Nation teilhaben konnte, wie Goebbels in seinem Tagebuch notierte.

Der Jubel, den die offen mit Krieg drohende Rede auslöste, sollte gezielt die Begeisterung von 1914 heraufbeschwören. Nach Hitlers Rede ließ Goebbels das *Vaterlandslied* von Ernst Moritz Arndt intonieren, unter dessen Klängen 25 Jahre zuvor die Soldaten in den Krieg gezogen waren.

Ähnliche Inszenierungen gab es 1939 nicht. Die Ansprache, die Hitler am 1. September hielt, fand nicht vor Zuschauermassen statt, die das Volk symbolisieren sollten. Er sprach in einer Sondersitzung des Reichstags, in einem staatstragenden Arrangement, was die Botschaft stützte, die Hitler an diesem Tag verkündete: Die Regierung habe alles versucht, den Konflikt mit Polen »auf dem Wege friedlicher Revisionsvorschläge« zu lösen; nun jedoch bleibe »kein anderes Mittel, als von jetzt ab Gewalt gegen Gewalt zu setzen«.

Hitler propagierte das Bild einer ernsten, zum Waffengang gezwungenen Nation, er vermied sogar das Wort Krieg, sprach nur vom »Zurückschießen« und »Vergelten«. Ebenso verbot das Propagandaministerium in der Berichterstattung Überschriften, in denen »das Wort Krieg enthalten ist! Nach der Rede des Führers schlagen wir nur zurück.«

**Die öffentliche Inszenierung** des Kriegsbeginns zielte 1939 nicht darauf, allgemeine Begeisterung zu demonstrieren, sondern eine Nation zu zeigen, die sich einer von außen auferlegten Gefahr erwehrte. Jubelnde Massen hätten dieses Bild konterkariert. So unterließ das Regime diesmal die Mobilisierung des Volkes. Für die Fahrt Hitlers von der Reichskanzlei zur Krolloper, wo der Reichstag zusammenkam, war

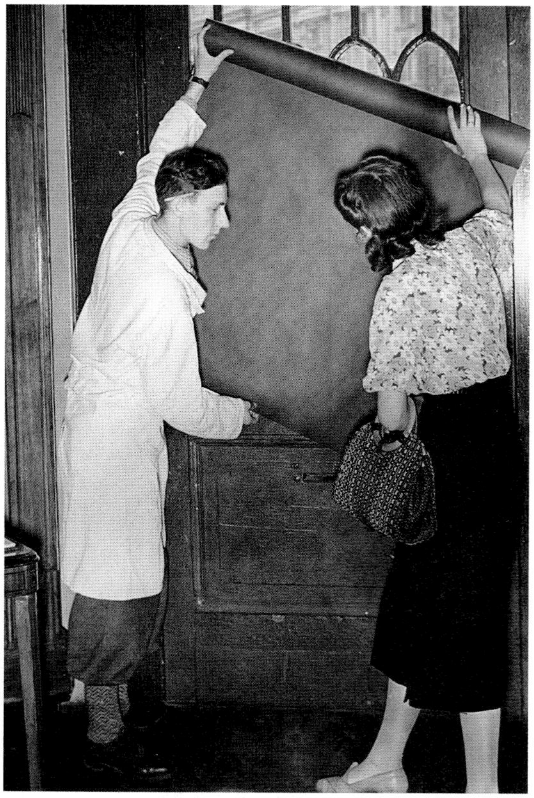

**LICHTDICHT VERKLEBT** Pflichtbewusst folgen viele Deutsche den Anordnungen des Luftschutzes und verdunkeln bei Kriegsbeginn ihre Fenster und Türen

zwar für die Absperrung der Straßen durch SA und SS gesorgt worden. Aber ein Spalier jubelnder Zuschauer, wie es in den vorangegangenen Jahren regelmäßig mithilfe von Schulklassen und Betrieben organisiert worden war, wurde nicht herbeigeschafft.

Nicht einmal zum Beflaggen der eigenen Wohnungen rief die NS-Führung auf; ein Vorgang, der seit dem 30. Januar 1933 als Ausdruck politischer Anteilnahme fest etabliert war. Victor Klemperer zweifelte am Morgen des 1. September aus diesem Grund an den Schilderungen seines Nachbarn, als dieser ihm vom Beginn der Kampfhandlungen erzählte: »Wir sagten uns, es müßten schon Fahnen erscheinen, wenn der Bericht auch nur halbwegs stimmte.«

Schreckte die Propaganda vor solchen Maßnahmen, vor dem Wort »Krieg« und vor öffentlichen Jubelfeiern zurück, weil sie um die Angst und die Ablehnung der »Volksgenossen« wusste? Viel spricht eher dafür, dass die seltsame Stille nicht aus Rücksichtnahme auf eine kriegsunwillige Bevölkerung entstand, sondern vielmehr das Ergebnis einer Öffentlichkeitspolitik war, die gar nicht das Ziel verfolgte, eine Kriegsbegeisterung wie 1914 zu entfachen. Und die den Unterschied offen herausstellte.

Robert Ley unterstrich in einer der ersten Reden führender NS-Größen nach Kriegsbeginn ausdrücklich, dass »im Deutschland von heute kein billiger Hurra-Patriotismus festzustellen« sei, sondern jeder »würdig, gefaßt und entschlossen bis zum letzten seine Pflicht« tue. Ebenso betonten die Zeitungen, dass das Fehlen begeisterter Massen nur zeige, wie »das deutsche Volk den Beginn der seit langem ersehnten Abwehr der polnischen Provokation und die Kriegserklärung Englands und Frankreichs mit ruhiger und eiserner Entschlossenheit« aufnehme.

Auch Goebbels selbst wurde nicht müde zu betonen, dass die Stimmung für den weiteren Kriegsverlauf eine vielversprechendere sei als 1914: »Heute haben wir nationale Einheit, Disziplin und eine Führung, die der von 1914 gewaltig überlegen ist«, insistierte er etwa gegenüber dem ob der ausbleibenden Paraden so verwunderten amerikanischen Journalisten Stoddard. Im Januar 1940 erklärte Goebbels vor Mitarbeitern des Ministeriums, das deutsche Volk zeige genau die Haltung, die er sich wünsche. Wenn er wolle, könne er »in drei Tagen die Begeisterung von 1914 herstellen«. Aber er wolle es nicht. Die gegenwärtige »Stimmungslage« sei eine »festere, für den weiteren Krieg bessere als vor 25 Jahren«.

Historikerinnen und Historiker haben in dieser Behauptung bislang allein den Versuch erkannt, das Scheitern der psychologischen Mobilisierung für den Krieg zu überspielen. Aber in Goebbels' Ausspruch steckt ein wahrer Kern: Selbstverständlich wäre es dem NS-Regime auch 1939 möglich gewesen, Bilder jubelnder Massen zu inszenieren, wie es dies in den vergangenen Jahren immer wieder getan hatte. Insofern lässt sich der Eindruck der zweierlei Kriegsanfänge durchaus dem Umstand zuschreiben, dass Goebbels und das NS-Regime nicht wollten. Statt die Kriegsbegeisterung des Ersten Weltkrieges zu imitieren, ging es ihnen darum, Distanz zu dieser zu behaupten.

So verstanden dokumentiert die Stille im September 1939 weniger das Scheitern der gesellschaftspolitischen Ziele des NS-Regimes als vielmehr die grundlegende Veränderung der deutschen Gesellschaft seit 1933 und jenes Öffentlichkeitsarrangements, das zu Beginn des Ersten Weltkrieges entstanden war: Der August 1914 hatte einen wesentlichen Moment in der Herausbildung einer breiten politischen Öffentlichkeit markiert. Auch wenn nur ein Teil der Deutschen auf die Straßen und Plätze gezogen war, eroberten die patriotischen Demonstrationen damals einen Raum für das Volk, der bislang vor allem für kaiserliche Paraden, Umzüge und Huldigungsfeiern genutzt worden war. Die Straße wurde zu einem Forum, auf dem die Deutschen selbstbewusst politische Forderungen erheben konnten. Diese Form der Öffentlichkeit zeigte sich auch noch in den Massenumzügen am 30. Januar 1933, zu denen es kam, weil die Anhänger der neuen Regierung vielerorts von sich aus auf die Straßen drängten.

Im September 1939 hingegen war eine andere Öffentlichkeit zu beobachten, geprägt von der politischen Kontrolle des NS-Regimes, gelenkten Massenmedien und einem in den vorangehenden Jahren grundlegend veränderten Verhalten der Deutschen. Selbst diejenigen, die das NS-Regime bewusst unterstützen wollten und den »Waffengang« begeistert begrüßten, zog es nicht mehr auf die Straßen und Plätze. Sie saßen am 1. September 1939 vor ihren Radiogeräten und hörten die »Führerrede«, verdunkelten vorschriftsmäßig ihre Wohnungen oder richteten Luftschutzräume in ihren Kellern ein. Nur in die Öffentlichkeit gingen sie ohne die Aufforderung des NS-Regimes nicht mehr.

Nicht eine andere Haltung zum Krieg trennte die Kriegsanfänge 1914 und 1939. Deutschland und die Deutschen waren andere geworden. ■

JANOSCH STEUWER *ist Historiker an der Universität Zürich*

**WEITERLESEN**

Janosch Steuwer: »›Ein Drittes Reich, wie ich es auffasse‹: Politik, Gesellschaft und privates Leben in Tagebüchern 1933–1939« Wallstein Verlag, Göttingen 2017

# »Planlos ins Genick geschossen«

In Polen führen die Deutschen 1939 einen Vernichtungskrieg. Soldaten und SS-Männer berichten mit verstörender Selbstverständlichkeit, wie sie polnische Zivilisten, Kriegsgefangene und Juden ermorden

VON JOCHEN BÖHLER

**MORDKOMMANDO** Angehörige einer SS-Einsatzgruppe erschießen am 20. Oktober 1939 in Kórnik bei Posen polnische Geiseln

Dem Mann war offensichtlich nicht ganz wohl in seiner Haut. Im Licht einer Tischlampe im neuen Reichssicherheitshauptamt saß SS-Obersturmführer Fritz Liebl an einem grauen Dezembernachmittag 1939 mehreren Vernehmungsbeamten gegenüber und musste über seinen Einsatz im besetzten Polen berichten. Liebl war einer von knapp 3000 deutschen Polizisten aus den Reihen der Einsatzgruppen, die der Wehrmacht dichtauf folgten, um Angehörige der polnischen Elite zu ermorden. Im Sommer 1939 waren die Kommandeure dieser Todesschwadronen von Reinhard Heydrich, dem Chef der deutschen Sicherheitspolizei, bei einem informellen Treffen in dessen Berliner Privatwohnung instruiert worden. Die »Intelligenzaktion« sollte die Bildung einer Widerstandsbewegung im Keim ersticken. Einige Einsatzgruppen jedoch erweiterten bald den Kreis der Verdächtigen, indem sie wahllos polnische Juden ermordeten. Besonders die Einsatzgruppe I hinterließ in den Schtetln Südostpolens blutige Spuren. Einer ihrer Kommandeure war SS-Sturmbannführer Alfred Hasselberg, einer seiner Untergebenen Fritz Liebl.

Der SS-Obersturmführer musste sich fragen, warum er im Dezember 1939 von Lublin, wo seine Einheit stationiert war, nach Berlin zum Verhör beordert worden war. Einen schriftlichen Befehl für die Mordaktionen in Polen hatte er nie zu Gesicht bekommen. Zwar war die Verhaftung und Tötung politischer Gegner seit Jahren übliche Polizeipraxis im »Dritten Reich«, nicht aber Morde in einem Ausmaß, wie seine Einheit sie gerade verübt hatte. Wurde er persönlich dafür verantwortlich gemacht, dass er sich während und nach dem Einmarsch an Massakern an Polen und Juden beteiligt hatte?

Nach einigen Minuten des Verhörs konnte Liebl aufatmen: Die Hinrichtungen ohne Gerichtsverfahren waren nicht Gegenstand der Untersuchung. Es ging um Gerüchte, Kommandeur Hasselberg habe seine Untergebenen schikaniert. Solch unprofessionelles Verhalten eines von ihm persönlich ausgesuchten »Führers« war Heydrich zuwider und ließ ihn – nach der ihm eigenen Logik – an der »rassischen« Tauglichkeit des Beschuldigten zweifeln. Am 3. Januar 1940 forderte er vom Rasse- und Siedlungshauptamt Hasselbergs Ariernachweis sowie die »Überprüfung seiner Erbgesundheit«: Es sei zu ermitteln, »ob einer der Vorfahren des H. an Geisteskrankheit gelitten hat«. Eine Woche darauf ließ Heydrich zwar das Ermittlungsverfahren einstellen, sprach aber seine »schärfste Mißbilligung« aus, da Hasselberg »nicht den von mir an den Führer eines Einsatzkommandos zu stellenden Anforderungen« entsprochen habe. Zugleich beanstandete Heydrich schärfstens »die Beschäftigung eines chinesischen Dieners u. die Tatsache, dass Sie einen jüdischen Tenor in Ihrer Wohnung haben singen lassen«.

Aber auch Liebl äußerte seine Unzufriedenheit, nämlich über die Art des Einsatzes: »Man hätte m[eines] E[rachtens] zumindesten den Leuten zeigen sollen, wie man die Erschießungen macht, nicht, dass ganz planlos ins Genick geschossen wird«, führte er aus und berichtete bereitwillig, wie er einen Todeskandidaten, der vor Schreck in die Erschießungsgrube gefallen sei, von oben mit einer Kugel in den Hinterkopf getötet habe. Über Hasselberg sagten seine Untergebenen aus, dass er auch positive Seiten gehabt habe, denn mit dem »Judengesox« in der Gegend um Lublin sei er immerhin fertiggeworden. Andererseits habe er seinen Hund misshandelt und könne folglich kein guter Mensch sein.

Natürlich entging den Armee-Oberbefehlshabern nicht, dass die Einsatzgruppen (zuerst waren es fünf, dann sieben) in ihrem Rücken Massaker an der Zivilbevölkerung verübten. Ihre Verwendung war im August 1939 zwischen dem SS- und Polizeiapparat und der Wehrmacht zwar geregelt worden, allerdings war offiziell lediglich von »Bekämpfung aller reichsfeindlichen Elemente im Feindesland rückwärts der fechtenden Truppe« die Rede gewesen. Eine schwammige Formulierung, die man weit auslegen konnte. Tatsächlich fiel dem Furor der Einsatzgruppen neben Juden und psychisch Kranken vor allem die polnische Staatselite zum Opfer: Universitätsprofessoren und Lehrer, Bürgermeister und Rechtsanwälte, Politiker und Künstler, Geistliche und Angehörige der Veteranenverbände. Als klar wurde, dass unter dem Deck-

**OHNMACHT UND SCHAUDER**
Am 12. September treiben deutsche Soldaten in der Kleinstadt Końskie südlich von Warschau jüdische Männer zusammen –

eine Strafaktion gegen angebliche »Heckenschützen«. Die Männer müssen ein Grab für gefallene deutsche Soldaten ausheben. Nicht auf der Fotoserie zu sehen ist, wie ein Soldat, als plötzlich Unruhe entsteht, das Feuer eröffnet. Knapp 20 Menschen sterben, viele weitere werden verletzt. Zeugin des Massakers wird die NS-Propaganda-Regisseurin Leni Riefenstahl, die mit einem »Sonderfilmtrupp« im Auftrag Hitlers unterwegs ist. Auch ihr Entsetzen hält ein Soldat im Bild fest

mantel der Gegnerbekämpfung ein Massenmord begann, protestierten einzelne Kommandeure der Wehrmacht. Ihre Proteste verstummten jedoch, als sie erfuhren, dass das Vorgehen der Einsatzgruppen von höchster Stelle abgesegnet war.

**Überhaupt hatten die Offiziere** wenig Grund, den moralischen Zeigefinger zu heben, denn nicht nur die Einsatzgruppen mordeten in Polen. In Orten wie Torzeniec waren es Soldaten der Wehrmacht, die Amok liefen. Zu Beginn des deutschen Einmarsches lag das Dorf nahe dem Fluss Prosna im Operationsraum der 8. Armee und somit im Epizentrum eines Gebietes, in dem deutsche Soldaten die polnische Bevölkerung beschuldigten, organisierten militärischen Widerstand zu leisten.

In der Nacht auf den 2. September quartierten sich Soldaten des Infanterieregiments 41 in Torzeniec ein. Wie das Kriegstagebuch des Regiments festhielt, setzte gegen Mitternacht unvermittelt eine Schießerei ein, bei der sich angeblich »sämtliche männlichen Einwohner, vereinzelt sogar, wie einwandfrei festgestellt, Frauen mittelbar und unmittelbar am Kampf beteiligten«. Aus Häusern, Gärten und von den nahe gelegenen Waldrändern sollen die deutschen Soldaten unter MG-Beschuss genommen worden sein. Fest steht: Die völlig übermüdete Truppe kam nicht zur Ruhe, nur mit größter Mühe konnte eine Panik verhindert werden. Nach Abklingen der Schießerei zählte man auf deutscher Seite drei Tote und vier Schwerverwundete.

Polnische Augenzeugen, die im Jahr 1955 zu dem nächtlichen Zwischenfall in Torzeniec befragt wurden, wussten nichts von einer geplanten Aktion der Dorfbewohner zu berichten. Auch das Kriegstagebuch ist nicht frei von Widersprüchen: Einerseits wird behauptet, sämtliche Einwohner von Torzeniec hätten sich an der Schießerei beteiligt, andererseits ist dort zu lesen, dass »Freund und Feind nicht zu unterscheiden« gewesen seien. Weder wurden Waffen gefunden noch Partisanen ergriffen.

Am nächsten Morgen, so heißt es im Kriegstagebuch weiter, »entschloss sich der Regimentskommandeur zu einer radikalen Säuberungs- und Vergeltungsaktion«. Alle Ortseinwohner wurden im Nordostteil von Torzeniec versammelt. Ein Standgericht verurteilte sämtliche männlichen Einwohner zum Tod; das Urteil wurde unmittelbar an jedem zweiten Mann vollstreckt. Gleichzeitig gingen »mehrere Häuser [...] in Flammen auf«.

Knapp 30 Jahre nach dem Überfall auf Polen erreichte die Zentrale Stelle der Landesjustizverwaltungen in Ludwigsburg der Brief eines Ferdinand D., in dem dieser schwere Anschuldigungen gegen seinen ehemaligen Vorgesetzten erhob: »Der Vormarsch des Infanterieregiments 41 unter Führung des damaligen Kommandeurs Oberst Gollwitzer, jetzt als General a. D. in Amberg lebend, war ein einziger Völkermord. Obwohl es damals noch keine polnischen Partisanen gab, blieb kaum ein Dorf von Kalisch bis Warschau verschont, da Gollwitzer bei seiner Truppe eine ›Heckenschützenpsychose‹ ausgelöst und aufrechterhalten hat.«

Diese Einschätzung findet sich auch in den Erfahrungsberichten örtlicher militärischer Stellen, niedergeschrieben unmittelbar nach dem Geschehen: »Die oft vorhandene Unkenntnis der Truppe führt zu Vergeltungsmaßnahmen, die meistens nicht die Schuldigen, sondern völlig Unbeteiligte treffen«, liest man dort. Und: »Häufig entstanden in den Unterkünften besonders nach Eintritt der Dunkelheit wilde Schießereien. [...] Diese waren großenteils auf Nervosität der eigenen Truppe zurückzuführen. Nach den sofort ergangenen Befehlen zum Entladen hörte das Schießen schnell auf. Ob Landeseinwohner geschossen hatten, konnte nirgends mit Sicherheit festgestellt werden.«

Dem Tagebuch eines Leutnants im Einsatz unweit von Torzeniec lässt sich die angespannte Atmosphäre der ersten Septembertage minutiös entnehmen: »Der Kommandeur ging mit mir in den Ort. Alles rief uns an. Aufregung. Eine Scheune ging in Flammen auf, rotgelbes Licht überm Ort. Mit aller Energie musste der Major einen ängstlichen Haufen, der an der Friedhofsmauer kauerte, hindern, auf uns zu schießen. In der Kirche seien die Freischärler, die geschossen hätten. W. kriegt einen polnischen Bauern am Schlafittchen, und in der einen Hand den Bauern, in der anderen die Pistole, durchstöbert er die Kirche. Ich gehe mit entsicherter Pistole in der Hand hinter ihm her. Das Bäuerlein zittert und ruft auf Polnisch: ›Nicht schießen. Wer drin ist, soll rauskommen.‹ Niemand ist da. Erleichtert gehen wir aus der Kirche, in deren dunklen Winkeln unsere Taschenlampen geisterten.«

Nicht nur Zivilisten, auch polnische Soldaten wurden im September 1939 unter dem Deckmantel der Partisanenbekämpfung summarisch abgeurteilt. Am 12. September, als die deutschen Truppen bereits bis Warschau vorgerückt waren, wurden sämtliche versprengten polnischen Soldaten in ihrem Rücken zu Partisanen erklärt und galten damit als vogelfrei. Auch aufgrund der Art, wie sie kämpften – etwa verdeckt aus Häusern oder in Wäldern –, wurde der Stab über sie gebrochen. Ein deutscher Soldat beschrieb eine Massenexekution von Kriegsgefangenen bei Ciepielów am 12. September – vorausgegangen war ein heftiges Waldgefecht, bei dem ein Hauptmann einen Kopfschuss erhalten hatte: »Eine Stunde später sammelt sich alles auf der Straße. 14 Tote zählt die Kompanie, einschließlich Hauptmann von Lewinsky. Der Regimentskommandeur Oberst Wessel (Kassel) tobt, den Monocel im Auge: ›Eine Frechheit, uns aufhalten zu wollen, und meinen Lewinsky haben sie mir erschossen.‹ Die Landser zählen nicht bei ihm. Er stellt fest, dass es sich um Partisanen handelt, obwohl jeder der 300 gefangenen Polen eine Uniform trägt. Sie müssen die Röcke ausziehen. So, nun sieht das schon eher nach Partisanen aus. [...] Fünf Minuten später höre ich ein Dutzend deutsche Maschinenpistolen bellen. Ich eile in die Richtung, sehe [...] die 300 polnischen Gefangenen erschossen im Straßengraben liegen. Ich riskiere zwei Aufnahmen.«

Vor allem in südpolnischen Ortschaften wütete die Wehrmacht. Die nahezu manische Angst vor Partisanen (im damaligen Sprachgebrauch »Freischärler«, »Heckenschützen« oder »Franktireurs«) hatte im deutschen Heer Tradition: Bereits 1914 waren ihr in Belgien und Frankreich Tausende Zivilisten zum Opfer gefallen. Hier wirkte also offenbar nicht allein die NS-Propaganda mit ihrem Bild des »slawischen Untermenschen«, vor dessen »Hinterhältigkeit« die Wehrmacht ihre Soldaten bereits vor dem Angriff gewarnt hatte. Entscheidender war, dass unerfahrene Rekruten im ersten Einsatz an jeder Ecke Partisanen vermuteten, die gesamte Bevölkerung verdächtigten und daher eine Unterscheidung zwischen Soldaten und Zivilisten von Anfang an unterblieb.

**Auf deutscher Seite wurden** aber nicht nur reguläre Streitkräfte eingesetzt, vielerorts bildeten sich in den Reihen der deutschen Minderheit in Polen spontan Milizen. Dem provisorischen Charakter dieser Hilfstruppen bereitete Hitler bald ein Ende: Die Heimwehren wurden zum »Volksdeutschen Selbstschutz« zusammengefasst und mit Beutewaffen ausgestattet. Unter Obhut der SS sollte diese Truppe den Schutz der deutschen Minderheit garantieren.

Tatsächlich war die deutsche Minderheit zwischen die Fronten geraten. Polnische Behörden verhafteten hektisch deutsche politische Aktivisten, Hunderte deutschstämmige Familien wurden auf entkräftenden Märschen ins Landesinnere verschleppt. In der Panik der ersten Tage sah man in jedem deutsch sprechenden Bürger der Zweiten Polnischen Republik einen Verräter, Spion, Terroristen oder Partisan. In Bromberg und Umgebung führte diese Phobie am 3. und 4. September 1939 zur Ermordung Hunderter deutscher Einwohner durch polnische Soldaten und Zivilisten. Die Rache war furchtbar, den deutschen Vergeltungsaktionen fielen 5000 Menschen zum Opfer, darunter die gesamte jüdische Einwohnerschaft.

Die Zahl der insgesamt von Polen getöteten Angehörigen der deutschen Minderheit dürfte dagegen unter 1000 liegen. Diese Opfer waren von der NS-Führung gewissermaßen einkalkuliert, denn bewusst hatte man vor dem 1. September 1939 Deutsche jenseits der Grenze für Sabotageakte eingesetzt. In deutschen Opfern sah das NS-Regime hervorragendes Propagandamaterial. Im Frühjahr 1940 fantasierte das Auswärtige Amt von knapp 60.000 Toten – und verschwieg, dass mehrere Tausend Deutsche in Polen durch eigenen Artilleriebeschuss und eigene Luftangriffe ums Leben gekommen waren.

Der Volksdeutsche Selbstschutz tat sich keineswegs als Garant von Ruhe und Ordnung hervor. Seine Aufgabe war wesentlich radikaler, wie Albert Forster, der spätere Gauleiter von Danzig-Westpreußen, in einer Dienstbesprechung in der zweiten Septemberwoche ausführte: Die ihm als Chef der Zivilverwaltung bei der 3. Armee unterstehenden paramilitärischen Einheiten, zu denen der Selbstschutz zählte, sollten im Schulterschluss mit den Einsatzgruppen »sämtliche gefährliche Polen, alle Juden und polnische Geistliche« aus seinem Gebiet entfernen, um einem möglichen Aufstand vorzubeugen. Dabei kam den Selbstschutzmännern die Kenntnis der örtlichen Verhältnisse zugute. Obwohl sie gegen ehemalige Nachbarn vorgingen, standen sie den Einsatzgruppen an Grausamkeit nicht nach und ermordeten im Übereifer zuweilen auch ihre eigenen Landsleute.

Ein deutsches Amtsgericht eröffnete daher Anfang 1940 eine »Strafsache gegen den Strafgefangenen Harry S.«, bei der nebenbei auch dessen Verbrechen an Polen und Juden zur Sprache kamen. Harry S. gab zu Protokoll: »Die Geistlichen und die Juden, die sich in dem Kloster befanden, wurden im November 1939 erschossen. Die Juden wurden im Kloster Gorka erschossen, die Geistlichen in Nakel. Es handelte sich dabei um 30 Juden mit Frauen und Kindern und um 60 Geistliche. Ich habe von den Juden [...] etwa fünf Menschen erschossen, darunter auch Frauen. Eine genaue Zahl kann ich nicht angeben. Die Erschießung habe ich mit der 08 Pistole durchgeführt. Die Leute, die erschossen werden sollten, mussten sich vor einer entsprechenden Zahl von Selbstschutzmännern hinstellen. Sie wurden durch Genickschuss getötet. Bei dieser Gelegenheit sind auch noch zwei Polen erschossen [worden]. Genau kann ich mich nicht mehr daran erinnern, um wieviel Polen es sich dabei gehandelt hat. Die Erschießungen sind auf Befehl des SS-Obersturmführer[s] Lupprian in Nakel erfolgt. [...] Es wurde uns von Lupprian angedroht, dass wir nicht in die Partei und ihre Gliederungen aufgenommen würden, wenn wir seinen Befehlen nicht entsprechen würden. Tatsächlich wurde der Kaufmann Walter Fechner aus Lobsens wegen Befehlsverweigerung aus dem Selbstschutz ausgeschlossen.«

**»BLUTIGER MONTAG«** Bereits am 4. September 1939 ermorden Wehrmachtsoldaten im polnischen Wallfahrtsort Tschenstochau mehr als 200 Männer, Frauen und Kinder, unter ihnen zahlreiche Juden

**Zur deutschen Barbarei** im Herbst 1939 gehörte ebenso der gezielte Beschuss von flüchtenden Zivilisten, dem Zehntausende zum Opfer fielen. Überlebende berichteten, die Flüchtlingstrecks seien gezielt von Jagdfliegern mit Bordwaffen beschossen worden. Polnische Städte wie Wieluń oder Frampol wurden von der deutschen Luftwaffe ohne militärische Notwendigkeit bombardiert. Als sich im April 1940 zwei Wehrmachtsoldaten in britischer Gefangenschaft langweilten, kamen sie auf den Luftkrieg in Polen zu sprechen – nicht wissend, dass sie dabei abgehört wurden:

ERSTER: »Am zweiten Tage des Polenkrieges musste ich auf einen Bahnhof von Posen Bomben werfen. Acht von den 16 Bomben fielen in die Stadt, mitten in die Häuser hinein. Da hatte ich keine Freude daran. Am dritten Tage war es mir gleichgültig und am vierten Tage hatte ich meine Lust daran. Es war unser Vorfrühstücksvergnügen, einzelne Soldaten mit Maschinengewehren durch die Felder zu jagen und sie dort mit ein paar Kugeln im Kreuz liegen zu lassen.«

ZWEITER: »Aber immer gegen Soldaten ...?«

ERSTER: »Auch Leute. Wir haben in den Straßen die [Flüchtlings-]Kolonnen angegriffen. Ich saß in der Kette. Die Führermaschine warf auf die Straße, die beiden Kettenhunde auf die Gräben, weil da immer solche Gräben gezogen sind. Die Maschine wackelt, hintereinander, und jetzt ging es in der Linkskurve los, mit allen MGs und was du da machen konntest. Da haben wir Pferde herumfliegen sehen.«

ZWEITER: »Pfui Teufel, das mit den Pferden ... nee!«

ERSTER: »Die Pferde taten mir leid, die Menschen gar nicht. Aber die Pferde taten mir leid bis zum letzten Tag.«

Bis auf die Debatte um den Terrorangriff auf Wieluń ist dieser erste Kriegseinsatz der deutschen Luftwaffe bis heute nicht erforscht.

**Einsatzgruppen und Selbstschutz** ermordeten bis Ende 1939 mindestens 50.000 Menschen in Polen, der Wehrmacht fielen in den ersten Kriegswochen wohl über 10.000 Zivilisten und Kriegsgefangene zum Opfer. Trotz vereinzelter Proteste höherer militärischer Stellen gegen das Vorgehen der Einsatzgruppen klappte die vor dem Überfall vereinbarte Zusammenarbeit wie am Schnürchen. Eroberte die Wehrmacht eine Ortschaft, wurden Juden, die man auf der Straße antraf, häufig gedemütigt, verprügelt oder mitunter gleich ermordet. Daran beteiligten sich auch die motorisierten Kommandos der Einsatzgruppen, die der Truppe folgten. Allein im ostpolnischen Przemyśl fielen ihnen mehr als 500 Juden zum Opfer.

An der Demarkationslinie zum sowjetisch besetzten Ostpolen diente dieser Terror seit dem 17. September 1939 vor allem dazu, die Überlebenden zur Flucht zu bewegen – sollten sich doch die Russen mit ihnen herumplagen. Ein Angehöriger des Einsatzkommandos Hasselberg gab im Dezember 1939 zu Protokoll: »Dann bekam ich erneut ein Kommando, die Sansicherung von Jaroslau bis Sandomierz. Diese Strecke habe ich dann judenfrei gemacht und etwa 18.000 Juden über den San abgeschoben. Das Gebiet war vor allem mit der Wehrmacht gesäubert worden.«

Mit einem konventionellen Krieg hatte der deutsche Feldzug gegen Polen jedenfalls von Anfang an nichts zu tun. Für die gesamte Bevölkerung des Nachbarlandes war das Kriegsvölkerrecht außer Kraft gesetzt worden. Der Überfall auf die Sowjetunion im Juni 1941 wird in der Forschung gemeinhin – und zu Recht – als Vernichtungskrieg bezeichnet. Hier wurden weite Teile der Zivilbevölkerung und der gegnerischen Truppen zu Freiwild erklärt, die Ermordung von Juden war Teil des Kalküls. Ein qualitativer Unterschied zu Polen 1939 ist dabei jedoch kaum zu erkennen, ein quantitativer eigentlich auch nicht, berücksichtigt man die Kürze des Einsatzes. Nur wurden 1941 die Rahmenbedingungen des Vernichtungskrieges – schon um Reibereien zwischen Einsatzgruppen und Wehrmacht zu vermeiden – bereits vor dem Angriff in den »verbrecherischen Befehlen« (Kommissarbefehl, Gerichtsbarkeitserlass) festgelegt. 1941 hatte man also aus den Erfahrungen von 1939 gelernt.

Was in Polen geschah, erklären Sozialpsychologen mit einer Verschiebung des »Referenzrahmens«, gewissermaßen einer totalen Verbiegung des Wertesystems, innerhalb dessen man sich selbst und andere verortet. Nur so ist zu erklären, dass in der Wahrnehmung der Täter Hunde und Pferde über Menschen stehen oder dass Morde im fünfstelligen Bereich nicht juristisch aufgearbeitet werden – weder vor noch nach 1945. Kein Soldat, Polizist oder Selbstschutzmann wurde nach dem Krieg für die Morde in Polen 1939 verurteilt.

Nach der Eroberung gingen die Besatzer sofort dazu über, Teile Polens als »annektierte Gebiete« dem Deutschen Reich einzuverleiben. Es mag viele überraschen, aber auch Auschwitz lag danach auf Reichsgebiet, und alles, was dort von 1941 an geschah, spielte sich vor den Augen von Reichsbürgerinnen und -bürgern ab. Im übrigen Teil des okkupierten Landes wurde das »Generalgouvernement für die besetzten polnischen Gebiete« eingerichtet. Was Hitler auch launisch als den »Kehrichthaufen Europas« bezeichnete, sollte künftig als Sammelbecken für Polen und Juden dienen, die aus den annektierten Gebieten weichen mussten, um dort Platz für »Volksdeutsche« aus der Schwarzmeerregion oder dem Baltikum zu schaffen. Bald sollten im Generalgouvernement Juden aus dem Deutschen Reich und dem besetzten Europa hinzukommen. Sie wurden in Ghettos vom Rest der Bevölkerung isoliert und von Ende 1941 an systematisch ermordet. Jeder fünfte Einwohner Vorkriegspolens – egal ob Mann, Frau oder Kind – sollte das Kriegsende nicht erleben. ■

JOCHEN BÖHLER *ist Historiker am Imre Kertész Kolleg der Universität Jena*

**WEITERLESEN**
Jochen Böhler: »Auftakt zum Vernichtungskrieg. Die Wehrmacht in Polen 1939« Fischer Taschenbuch Verlag, Frankfurt am Main 2006

# Stalins Henker

## Die Sowjetunion bringt Terror und Tod über Ostpolen

VON CLAUDIA WEBER

Zwei Wochen nach dem Überfall auf Polen wurde Hitler langsam nervös. Zwar hatte die Wehrmacht das Land in rasender Geschwindigkeit besetzt und die polnische Armee fast schon besiegt. Warschau aber war immer noch nicht eingenommen. Und Stalin ließ auf sich warten.

In den vergangenen Tagen hatte der deutsche Botschafter Graf von der Schulenburg mehrmals im Kreml bei Außenkommissar Molotow vorgesprochen und gefragt, wann mit dem im Hitler-Stalin-Pakt vereinbarten Einmarsch der sowjetischen Truppen zu rechnen sei. Berlin drängte, während Molotow mit stoischer Miene entgegnete, es sei »für die politische Untermauerung sowjetischen Vorgehens« von größtem Wert, »erst dann zur Aktion zu schreiten, wenn das Regierungszentrum Polens, die Stadt Warschau, gefallen« sei.

Am 17. September 1939 überquerte die Rote Armee schließlich die polnische Ostgrenze. Warschau war zwar noch immer nicht eingenommen, aber Hitler hatte gedroht, mit den Westmächten Friedensgespräche aufzunehmen, was Stalin nicht riskieren wollte.

Als die sowjetischen Armeen in die ostpolnischen Gebiete – die Westukraine und Westweißrussland – einmarschierten, versicherten Stalins Propagandisten, dass die »mächtige Sowjetunion« nicht als Eroberer komme, sondern den »ukrainischen und weißrussischen Blutsbrüdern« zu Hilfe eile, ja sie »von der Unterdrückung der Großgrundbesitzer und Kapitalisten« Polens befreie und unter den Schutz der Sowjetmacht stelle. Was dieser Schutz bedeutete, bekam die Bevölkerung schnell zu spüren. Innerhalb weniger Wochen errichteten Spezialeinheiten des berüchtigten NKWD – des Innenkommissariats unter Stalins Handlanger Lawrenti Beria – ein Terrorregime. Das Ziel war die vollständige Sowjetisierung der eroberten Gebiete.

Zu den Methoden gehörten die Zerstörung der Staatsstrukturen, die Zerschlagung von Behörden, Polizei und Armee sowie die Inszenierung von Scheinwahlen und Parlamenten, die selbstredend sofort und einstimmig für die Aufnahme in die Sowjetunion votierten. Die neue Regierung setzte die polnische Währung aus, ordnete Enteignungen an und befahl Massenverhaftungen und Deportationen vor allem von Polen, aber auch von Weißrussen und Ukrainern.

Geöffnetes Massengrab im Wald von Katyn (1943)

Frei gewordene Ämter wurden durch systemtreue Handlanger besetzt, die ihre plötzliche Herrschaftsmacht nicht selten für Rachefeldzüge und Pogrome gegen vermeintliche Klassenfeinde nutzten. Wer sich weigerte, die sowjetische Staatsbürgerschaft anzunehmen, galt ohnehin als Volksfeind. Der Besatzungsterror richtete sich vor allem gegen die militärische und geistige Elite Polens, deren Vernichtung beide Gewaltregime anstrebten. In einem geheimen Zusatzprotokoll zum Grenz- und Freundschaftsvertrag vom 28. September kamen Deutsche und Sowjets überein, »keine polnische Agitation [zu] dulden, die auf die Gebiete des anderen Teiles hinüberwirkt«.

Schon im September 1939 internierte die Rote Armee über 200.000 polnische Militärs und transportierte sie in die Sowjetunion, wo sie unter den Augen von Berias NKWD eigenhändig Lager errichten mussten. Gut sechs Monate später waren rund 22.000 von ihnen tot – erschossen in Geheimaktionen lokaler Kommandos und einer »Moskauer Mannschaft« unter der Leitung von Stalins Lieblingshenker Wassili Blochin.

Während Soldaten der unteren Ränge in den Arbeitslagern eine minimale Überlebenschance besaßen, sah Beria in den Offizieren »überzeugte Feinde der Sowjetunion«, deren Erschießung er Stalin Anfang März 1940 vorschlug. Verhandlungen mit den Deutschen, zumindest diejenigen abzuschieben, die im deutschen Besatzungsgebiet wohnten, waren in der Zwischenzeit gescheitert. Auch der Bündnispartner hatte kein Interesse an potenziellen Widerständlern.

Die Massenerschießungen von Katyn im Frühjahr 1940, der mehr als 4000 polnische Offiziere zum Opfer fielen, sind eines der schrecklichsten Kriegsverbrechen der sowjetischen Besatzungsmacht. Die Täterschaft des NKWD hat die Sowjetunion bis zum Ende des Kalten Krieges abgestritten. Das Verbrechen passte nicht zum Schein der selbsterklärten Schutzmacht – und auch nicht zum Mythos des Großen Vaterländischen Krieges, der vergessen ließ, dass Stalin 17 entscheidende Tage gewartet hatte. ■

CLAUDIA WEBER *lehrt Zeitgeschichte an der Universität Frankfurt (Oder)*

# Verratene Helden

Im September 1939 ist Polen chancenlos. Gerade deshalb erwächst aus der Erinnerung an den Widerstand ein mächtiger Mythos

VON WŁODZIMIERZ BORODZIEJ

**POLNISCHE VERLUSTE**
Dem Adler (l.) fehlt der Kopf, ein Flügel ist verbogen. Eine Explosion hat dem Wappentier der Polen arg zugesetzt. Es stammt von der Westerplatte in Danzig, die am 1. September 1939 unter deutschen Beschuss geriet. Auf dem Grenzpfahl unten ist das Nationalemblem noch ganz. Doch anders als auf dem Foto von 1939 gehört der Ort Klimiec heute zur Ukraine

Das Drama der polnischen »Septemberniederlage« hat drei Vorgeschichten. Beginnen wir mit der ältesten.

Europa konnte mit dem in Versailles 1919 eingerichteten Polen gut leben. Als Bollwerk zwischen dem potenziell revisionistischen Deutschland und der Sowjetunion spielte es sicherheitspolitisch eine tragende Rolle. Allerdings machte sich das Land durch den Staatsstreich Józef Piłsudskis, der von 1926 an ein autoritäres Regime etablierte, und durch den wachsenden Antisemitismus nach dem Tod des Diktators 1935 keine Freunde. Als ernste Gefahr erschien den Westmächten zudem das informelle Bündnis, das Polen 1934 mit Deutschland schloss: Zwar blieb Warschau nominell der wichtigste Verbündete Frankreichs in Ostmitteleuropa, faktisch aber geriet die Region außer Kontrolle. Als die unheilige Allianz mit Hitler im Oktober 1938 in der Beteiligung Polens an der Zerschlagung der Tschechoslowakei mündete, fielen die westlichen Demokratien regelrecht über das Land her – obwohl sie es waren, die Prag verraten hatten.

Im Oktober 1938 rechnete wohl niemand damit, dass die zweite Vorgeschichte ganz anders verlaufen würde. Berlin unterbreitete Warschau Ende des Monats das Angebot einer »Gesamtlösung«, die auf den ersten Blick bescheiden aussah. Deutschland forderte die Rückkehr des inzwischen gleichgeschalteten Danzig in das Reich, eine extraterritoriale Verbindung durch den polnischen »Korridor« nach Ostpreußen sowie den Beitritt Polens zum Antikominternpakt.

Der dritte Punkt stellte für Polen kein wirkliches Problem dar, bekämpfte der polnische Staat doch ohnehin die illegalen Kommunisten, die den Anschluss an die Sowjetunion forderten. Auch eine exterritoriale Verbindung wäre machbar gewesen, ohne die völkerrechtliche Souveränität des Landes zu verletzen. Die Eingliederung Danzigs hingegen – dies hatten die polnischen Diplomaten auch auf dem Höhepunkt der Entspannung mit dem Nachbarn immer wieder betont – kam nicht infrage. Die Nationalsozialisten mochten in der Freistadt machen, was sie wollten, der völkerrechtliche Status Danzigs blieb aus polnischer Sicht der eigentliche Prüfstein der Beziehungen. Daran änderten auch die nebulösen Versprechen der Deutschen nichts, dass Polen im Fall einer Beteiligung an einem Krieg gegen die Sowjetunion mit der Ukraine entschädigt werde.

Nachdem Außenminister Józef Beck begriffen hatte, dass Berlin es mit der »Gesamtlösung« ernst meinte, verstand er die Welt nicht mehr. »Wir sind doch keine Tschechen«, entfuhr es ihm. Was die Ukraine anbelange, wisse er gar nicht, was er mit ihr anfangen solle. Seine Berliner Gesprächspartner dürften weder den nationalen Stolz in diesen Sätzen noch das Desinteresse an Expansionszielen im Osten verstanden haben.

**Die Verhandlungen zwischen Berlin** und Warschau endeten in einem Fiasko. Großbritannien, das nach der Zerschlagung der »Rest-Tschechei« die Sinnlosigkeit der Appeasement-Politik eingesehen hatte, garantierte dem bedrohten Polen in Abstimmung mit Frankreich die Unabhängigkeit. Bilaterale Verteidigungsverträge folgten. Am 5. Mai 1939 hielt Beck seine bald legendäre Rede im Parlament, in der er den Frieden als ein höchst wertvolles Gut bezeichnete, anschließend jedoch der Ehre den Vorzug gab: »Der Frieden ist eine kostbare und erwünschte Sache. Unsere durch den Krieg in Blut getauchte Generation verdient sicherlich eine Periode des Friedens. Doch der Frieden, wie fast alles in dieser Welt, hat einen hohen, wenngleich berechenbaren Preis. Den Begriff des Friedens um jeden Preis kennen wir in Polen nicht. Im Leben der Menschen, der

**IM GALOPP AN DIE FRONT** Polnische Kavallerie im September 1939

Völker und der Staaten gibt es nur ein Gut, das keinen Preis kennt: die Ehre.«

Nach der Rede erhielt Beck Blumensträuße und Glückwunschtelegramme, die er ärgerlich beiseitegeschoben haben soll. Der Außenminister wusste besser als seine Landsleute, dass zumindest die erste Phase des Krieges nicht zu gewinnen war. Selbst wenn die Westmächte ihre Beistandsverpflichtungen einlösten (was sie im September prompt nicht taten), war die Übermacht des Deutschen Reiches erdrückend.

Wovon Beck und seine westlichen Partner im Mai 1939 nichts wussten, waren die deutsch-sowjetischen Verhandlungen. Mit dem Hitler-Stalin-Pakt vom 23. August, in Polen besser bekannt als Ribbentrop-Molotow-Pakt, beginnt die dritte, kürzeste und überraschendste Vorgeschichte. Sensationell war schon der offizielle Teil, in dem sich die bislang verfeindeten Großmächte Neutralität zusicherten. Im Geheimen Zusatzprotokoll, das den Kern der deutsch-sowjetischen Allianz bis zum 21. Juni 1941 bildete, sicherte sich Moskau einen großen Teil Polens und des Baltikums sowie Finnland als »Einflusssphäre«. Damit war der Krieg für Polen verloren, bevor er begonnen hatte.

Bemerkenswert ist, dass Polen neben Finnland das einzige Land war, das angesichts der deutsch-sowjetischen Bedrohung nicht einknickte. Die baltischen Republiken und der Marionettenstaat Slowakei hatten im Grunde keine Wahl, aber die Tschechoslowakei (bis 1938), Ungarn, Bulgarien und Rumänien durchaus. Nur Polen darf sich bis heute als Gründungsmitglied der Anti-Hitler-Koalition bezeichnen – eine oft übersehene Tatsache in der Geschichte des Landes.

**Im September 1939** hatte Polen militärisch keine Chance. Die überlegene Wehrmacht verfügte an der Ostfront über etwa viermal so viel Artillerie und Flugzeuge und über fünfmal so viele Panzer und panzerähnliche Fahrzeuge. Sie griff gleichzeitig aus der Slowakei, Ober- und Niederschlesien, Brandenburg, Pommern und Ostpreußen an. Die Polen wehrten sich, so gut sie konnten, aber innerhalb der ersten zwei Wochen zerfiel eine Armee nach der anderen. Alle Rückzugs- und Verteidigungspläne erwiesen sich als Makulatur. Die ersten deutschen Panzer erreichten Warschau am 8. September, das oberschlesische Industrierevier und Krakau waren da bereits verloren.

Nun begann die Agonie. Einzelne polnische Divisionen waren noch durchaus kampffähig, als am 17. September die Rote Armee angriff. Sie hatte noch leichteres Spiel als die Wehrmacht. Im Osten standen lediglich die Truppen des Grenzschutzes. Viele Weißrussen, Juden und Ukrainer sympathisierten mit den Invasoren, die ihnen eine Befreiung vom »polnischen Joch« versprachen. Auch diese Bilder von eigenen Staatsbürgern, die ähnlich wie viele Oberschlesier die Besatzer mit Blumen begrüßten, gehören zur polnischen Erinnerung an den September 1939.

»Den Begriff des Friedens um jeden Preis kennen wir in Polen nicht«

Das zerbombte Warschau kapitulierte am 28. September. Die letzte größere Schlacht war im heutigen Südostpolen am 5. Oktober geschlagen. Das Land war nun vollständig besetzt, kapitulierte aber nicht. Staatspräsident, Regierung und Zehntausende von Soldaten überquerten die Grenze nach Rumänien, um den Kampf fortzusetzen. Das polnische Staatsoberhaupt und die führenden Politiker wurden von den Rumänen interniert. Was aus damaliger polnischer Sicht einem Verrat des Verbündeten gleichkam, bleibt in rumänischer Erinnerung bis heute eine Heldentat. Hätte Bukarest die Internierten nach Deutschland oder in die Sowjetunion ausgeliefert, wäre dies aller Wahrscheinlichkeit nach deren Todesurteil gewesen.

Die Rumänen erlaubten es den Soldaten stillschweigend, sich den entstehenden polnischen Truppen in Frankreich anzuschließen. Diese kämpften 1940 an der Seite der Alliierten in Norwegen und später an der Westfront. Dort sahen die Soldaten erstaunt und wohl nicht ganz ohne Schadenfreude, wie der großmäulige französische Verbündete trotz einer unvergleichbar besseren Ausgangslage, mit einer wesentlich stärkeren Armee und unterstützt von Belgiern, Briten und Niederländern, kläglich versagte. Im Sommer 1940 kämpften polnische Piloten für die Royal Air Force in der »Schlacht um England« und erzielten beachtliche Erfolge.

**Was blieb im nationalen Gedächtnis?** Als Johannes Paul II. 1987 Polen besuchte, hatte er für ein Treffen mit Jugendlichen die Westerplatte gewählt. »Jeder von euch findet in seinem Leben seine eigene Westerplatte«, sagte der Papst unter dem Beifall Tausender. Die jungen Menschen waren hineingewachsen in eine ohnmächtige, triste Realität mit Lebensmittelmarken, heruntergekommenen Plattenbauten, Zensur und *double speak*. Hunderttausende der Zwanzig- bis Dreißigjährigen waren in den vorangehenden Jahren ausgewandert. Der Papst setzte ein deutliches Zeichen: Wie die Soldaten auf der Westerplatte sollten ihre Enkel das Unmögliche versuchen und den Glauben an die eigene Gestaltungskraft nicht verlieren. Seine Anspielung auf 1939 brauchte Johannes Paul II. nicht zu erklären. Er hatte eine eindeutige, für jeden verständliche Metapher gewählt.

Militärgeschichtlich war das Heldenepos der Westerplatte nur eine Fußnote. Zwar war das polnische Munitionsdepot auf der Halbinsel hinreichend befestigt, doch seine 200 Soldaten Besatzung, so glaubte man, könnten sich gegen eine deutsche Übermacht nur einen, höchstens zwei Tage halten. Am frühen Morgen des 1. September nahm der deutsche Panzerkreuzer *Schleswig-Holstein* die Festung unter Beschuss, einige Infanterieangriffe und Bombardements folgten. Die polnische Wachmannschaft harrte aus; ihr Widerstand wurde durch den Warschauer Rundfunk (»Die Westerplatte wehrt sich«, hörte man mehrmals am Tag) zum landesweiten Symbol eines heldenhaften Abwehrkampfes stilisiert. Die Besatzung kapitulierte erst am 7. September.

Ein Jahr später wurden die Verteidiger von der Untergrundpresse im besetzten Warschau geehrt. Die Verse des Dichters Konstanty Gałczyński lernten Millionen junge Polen nach 1945 auswendig: »Und als es schließlich so weit war / und es im Sommer ans Sterben ging / da zogen zum Himmel in Viererreihn / die Soldaten der Westerplatte ein«.

Gałczyński hatte, 1940 wohl eher unbewusst, den Kampf zum heroischen Opfergang verklärt. Tatsächlich waren in den sieben Tagen nur 15 Verteidiger umgekommen, knapp vier der im Gedicht genannten Viererreihen.

Die polnischen Kommunisten nahmen den Mythos mit Handkuss entgegen: Tapfere Soldaten aus einfachen Verhältnissen, Helden im Kampf gegen die ewige deutsche Bedrohung, das passte wunderbar in die Propaganda der Sechziger- bis Achtzigerjahre. Eindrucksvolle Bilder lieferte 1967 der Spielfilm *Westerplatte.* Der Streifen ist gänzlich unpathetisch und zeigt einen Krieg, den Polen so nicht erlebt hat: ohne Massenverbrechen an der Zivilbevölkerung, ohne Exekutionen von Kriegsgefangenen wie im Warschauer Aufstand 1944. Die polnischen Soldaten halten ihre Stellung, bis ihnen Munition und Medikamente ausgehen – schrecklich genug, aber keine Demütigung.

**Auch das Bild vom Verrat** der westlichen Demokratien an Polen im September 1939 wurde in der Volksrepublik gepflegt. Und noch immer bestimmt dieses Bild von den verratenen Helden die Erinnerung. Ohne das Wissen um diese Wunden ist das heutige Polen schwerlich zu verstehen.

Ausgeschlossen aus dem Erinnerungskanon bleiben hingegen Sätze wie die des jungen Unteroffiziers Jan Szczepański, der unter dem Datum des 23. September 1939 notierte: »Die fliehenden höheren Offiziere, die ihre Familie und ihren Besitz ins Ausland bringen, nachdem sie die kämpfende Truppe verlassen haben, erfüllen mich mit tiefer Abscheu und Entsetzen [...]. Die Offiziere drücken sich, die Soldaten träumen vom Essen [...]. ›Warum sollte ich kämpfen‹, sagte mir gestern einer, ›wenn die da oben nichts wissen?‹«

Der spätere bekannte Soziologe Szczepański war kein Kommunist. Trotzdem passen solche Facetten der Erinnerung nicht in die heutige rechtsnationale Geschichtspolitik mit ihrer von allen Widersprüchen befreiten Verherrlichung der Republik der Zwischenkriegszeit. ■

WŁODZIMIERZ BORODZIEJ *lehrt Geschichte an der Universität Warschau*

# Mörder in Weiß

Noch vor dem Krieg beginnen Ärzte, systematisch Behinderte und Kranke zu töten. Ein Experimentierfeld für den späteren Holocaust

VON ROBERT DOMES

Im Sommer 1939 fährt Dr. Karl Brandt von Berlin nach Leipzig. Hitlers Leibarzt ist in einer »geheimen Reichssache« unterwegs und soll über Leben und Tod entscheiden. Sein Ziel ist die Universitätskinderklinik Leipzig. Dort liegt ein Säugling, der blind und mit schweren Schädigungen geboren wurde. Der Vater oder ein anderer naher Verwandter hat sich direkt an Hitler gewandt und um Erlaubnis gebeten, das Kind töten zu lassen. Als Hitler die Fotos und Dokumente des Kindes sieht, schickt er seinen Begleitarzt los – mit dem Auftrag, die Angaben zu prüfen und, wie Brandt in seinem Notizbuch schreibt, »die Eu sofort durchzuführen«.

»Die Eu« ist das Todesurteil für den Säugling. Es ist die Abkürzung für das, was die Nationalsozialisten beschönigend »Euthanasie« nennen; in Wahrheit nichts anderes als ein kaltblütiger Krankenmord. Karl Brandt nimmt das Kind in Augenschein und gestattet den Ärzten, es »einzuschläfern«. Möglicherweise legt er sogar selbst Hand an, doch ist ihm dies später nicht nachzuweisen.

Von dem Säugling aus Sachsen ist weder Name noch Alter bekannt. Überliefert ist nur, dass er sterben musste, weil er behindert war. Er ist nicht der Erste, der den Euthanasieverbrechen des NS-Regimes zum Opfer fällt. In zahlreichen Heil- und Pflegeanstalten quer durch das Reich werden im Sommer 1939 missgebildete Kinder ermordet. Doch sein Fall ist von besonderer Bedeutung, weil zum ersten Mal Hitler persönlich den Befehl zur Tötung gibt. Anschließend verfügt er, dass in ähnlichen Fällen genauso verfahren werden soll.

Hitler plant seit Langem die »Ausmerze« alles rassenbiologisch »Minderwertigen«. Er sieht die Zeit nun gekommen. Es ist der endgültige Schritt zum Zivilisationsbruch: die erste systematische Ausrottung einer bestimmten Bevölkerungsgruppe. Zunächst trifft es behinderte Kinder, dann Erwachsene, die behindert oder psychisch krank sind oder die das NS-Regime als »Ballastexistenzen« einstuft. Dem Säugling in Leipzig werden mindestens 5000 Kinder und an die 300.000 Erwachsene in den gewaltsamen Tod folgen.

**Seit sie an der Macht sind,** haben die Nationalsozialisten Schritt für Schritt die »Ausmerzung« der »Erbkranken« vorangetrieben. Von Juli 1933 an dürfen Behinderte, psychisch Kranke oder »Asoziale« zwangssterilisiert werden; mehrere Tausend Betroffene, in der großen Mehrzahl Frauen, kommen dabei ums Leben. Hilfsbedürftige werden ausgegrenzt, kriminalisiert, eingesperrt und von den Gesundheitsämtern akribisch erfasst – eine rassenhygienische Inventur des Volkes.

1939 sind also die Grundlagen für die »Vernichtung lebensunwerten Lebens« gelegt. Im Frühjahr tritt in der Kanzlei des Führers ein Beraterstab zusammen, um die Kinder-»Euthanasie« vorzubereiten. Das Gremium aus Ärzten und Beamten gründet eine Tarnorganisation: den Reichsausschuss zur wissenschaftlichen Erfassung von erb- und anlagebedingten schweren Leiden. Die Opfer sollen in Meldebögen erfasst werden, die von Ärzten und Kliniken auszufüllen sind. Gutachter entscheiden dann anhand der Daten, welches Kind getötet wird. Keiner von ihnen bekommt jemals eins der Kinder zu Gesicht. In mehr als 30 Heil- und Pflegeanstalten werden »Kinderfachabteilungen« eingerichtet: die künftigen Mordstationen, in denen die Opfer überdosierte Beruhigungsmittel in Form von Tabletten oder Spritzen bekommen.

Im Sommer 1939 sind die Vorbereitungen abgeschlossen. Am 18. August ergeht ein geheimer Erlass an alle Hebammen und an alle leitenden Ärzte von Entbindungsanstalten und geburtshilflichen Abteilungen. Sie werden verpflichtet, Fälle von Idiotie, Mongolismus, Mikro- und Hydrozephalus, Missbildungen und Lähmungen zu melden. Damit werden auch Kinder erfasst, die nicht in einer Anstalt leben.

Geleitet wird die Aktion von Philipp Bouhler, dem Chef der Kanzlei des Führers, und von Hitlers Leibarzt Brandt. Beide bereiten noch vor Beginn des Krieges die Ausweitung der Morde auf erwachsene Anstaltspatienten vor. Im Oktober 1939 werden sie von Hitler ermächtigt, »die Befugnisse namentlich zu bestimmender

Ärzte so zu erweitern, dass nach menschlichem Ermessen unheilbar Kranken bei kritischster Beurteilung ihres Krankheitszustandes der Gnadentod gewährt werden kann«. Das Schreiben auf Hitlers privatem Briefpapier, rückdatiert auf den 1. September, soll dem Morden den Anschein einer Legitimation durch den Krieg geben. Doch den Tätern bleibt bewusst, dass ihnen jede gesetzliche Grundlage fehlt. Sie halten die Patientenmorde und alle Vorbereitungen streng geheim.

**GRAUSAME LOGIK**
Werbeplakat für ein NS-Heft, das die Akzeptanz von »Euthanasie« und »Eugenik« erhöhen soll (um 1938)

Bei der Tötung behinderter Erwachsener verfahren Bouhler und Brandt ähnlich wie bei den Kindern: Sie holen Psychiater als Gutachter und Helfer ins Boot und richten ein Geflecht von Tarnorganisationen ein. Die geheime »Zentraldienststelle« zieht in die Berliner Tiergartenstraße 4, so entsteht später der Deckname »Aktion T4«. Die Berliner Mordzentrale verschickt Meldebögen, bestellt ärztliche Gutachter, lässt Vergasungseinrichtungen bauen und organisiert den Transport der Patienten zu den Tötungsanstalten.

Während in Berlin die Vorbereitungen laufen, beginnt im besetzten Polen bereits das Morden. Ende Oktober 1939 räumen SS-Sonderkommandos psychiatrische Einrichtungen in Pommern und erschießen die Patienten. Die Exekutionen laufen über mehrere Wochen, rund 3500 Menschen fallen ihnen zum Opfer.

Anfang Dezember »evakuiert« die SS Patienten aus der Anstalt Obrawalde in der Provinz Posen. Dafür verwendet man Lastwagen, die wie Möbelautos aussehen; einer trägt die Aufschrift »Kaiser's Kaffee Geschäft«. In Wahrheit sind es fahrbare Gaskammern. In die luftdicht verschlossenen Kastenaufbauten, in denen bis zu 40 Menschen eingesperrt sind, wird aus Gasflaschen Kohlenmonoxid eingeleitet. Die Patienten werden während der Fahrt vergast. Es ist der Auftakt für systematische Mordaktionen in Polen und später in der Sowjetunion. Das Euthanasieprogramm folgt den deutschen Truppen nach Osten.

**Zugleich testen die Mörder** die Wirksamkeit des CO-Gases. Im Reichsgebiet kommt es erstmals in der Anstalt Grafeneck auf der Schwäbischen Alb zum Einsatz. Im Oktober 1939 werden hier alle Patienten fortgebracht, die Einrichtung wird zur Mordanstalt umgebaut. Ein gasdichter Tötungsraum entsteht, daneben werden drei Krematoriumsöfen gebaut. Das Morden beginnt am 18. Januar 1940. Bis Ende des Jahres sterben in dem als Duschraum getarnten Vergasungsschuppen fast 11.000 Patienten an dem eingeleiteten Kohlenmonoxid.

Eines der Opfer ist Martin Bader, Schuhmachermeister aus Giengen an der Brenz. Er war verheiratet, hatte drei Kinder und war wohl ein fröhlicher Mensch. Mit 25 treten bei ihm erstmals Lähmungen und Zittern auf – Parkinson. 1938 wird er in die Anstalt Schussenried eingewiesen und zwei Jahre später, im Juni 1940, nach Grafeneck gebracht und dort vergast. Der Grund für die Ermordung geht aus der Diagnose hervor. Dort steht: »arbeitsfähig: 0 %«.

Grafeneck ist die erste Mordfabrik auf deutschem Boden – ein Prototyp für die anderen Anstalten. Auf dieselbe grausame Weise werden in Brandenburg, Hartheim bei Linz, Pirna-Sonnenstein, Bernburg (Saale) und Hadamar die Kranken getötet. Bis August 1941 sterben 70.000 Menschen in den Gaskammern. Danach werden die Vergasungen eingestellt. Doch das Töten geht auf andere Art weiter: Patienten erhalten überdosierte Beruhigungsmittel oder werden durch gezielte Hungerkost und Vernachlässigung einem qualvollen Tod ausgeliefert.

In einigen Anstalten wird das Morden so sehr zum Alltag, dass kaum ein Unterschied zu den Konzentrationslagern besteht. Allerdings töten in den Anstalten keine SS-Schergen, sondern angesehene Mediziner. Auch die Elite der deutschen Ärzteschaft erweist sich als williger Vollstrecker der grausamen Rassenpolitik.

Die Ärzte morden mit einer Effizienz, die sogar die SS beeindruckt: Reichsführer Heinrich Himmler erkundigt sich in der T4-Zentrale, ob und wie man Personal und Einrichtungen der Mordanstalten für die Konzentrationslager nutzen könne. Die erfahrenen Massenmörder aus der Tiergartenstraße helfen gern: Sie schicken T4-Ärzte in die Lager, um arbeitsunfähige Häftlinge für eine »Sonderbehandlung« auszuwählen. Bei dieser Aktion sterben zwischen 15.000 und 20.000 Häftlinge in den Gaskammern von Bernburg, Pirna-Sonnenstein und Hartheim.

Zu diesem Zeitpunkt sind die Morde in den Anstalten längst zu einer Blaupause auch für den Holocaust geworden. An den Behinderten hat man getestet, ob und wie eine industrielle Menschenvernichtung funktioniert. An ihnen wurde die Tötungsmethode ausprobiert und die Logistik des Massenmordes entwickelt. Und es wurden die Mörder geschult, die später am Genozid beteiligt sind. Nach der Schließung der letzten Tötungsanstalten unterstützt das T4-Personal die SS: Die Patientenmörder wechseln in die Vernichtungslager. ■

ROBERT DOMES *ist Journalist und Schriftsteller. 2008 erschien sein Roman »Nebel im August«, der die Geschichte eines Opfers der NS-Krankenmorde erzählt*

# Wer kann, der flieht

Für Juden, Sinti und Roma sowie alle anderen, die nicht zur »Volksgemeinschaft« gehören, beginnt 1939 der Kampf ums blanke Überleben

VON MARKUS ROTH

**LETZTE HOFFNUNG**
Vor dem Büro der Jewish Agency in der Meinekestraße in Berlin warten im Juli 1939 jüdische Deutsche, die auswandern wollen. Nur wenigen gelingt es noch

Das Novemberpogrom 1938 ließ keinen Zweifel: Juden hatten in Deutschland keine Zukunft. Sie waren existenziell bedroht. Am Silvesterabend 1938 schrieb Victor Klemperer in sein Tagebuch: »In ein paar Monaten sind wir hier zu Ende oder die andern.« Die anderen, das waren die Nationalsozialisten. Noch radikaler als zuvor verfolgten sie nach dem Pogrom das Ziel, die Juden vollständig aus Deutschland zu entfernen. Die treibenden Kräfte waren die Sicherheitspolizei und der Sicherheitsdienst (SD) unter Reinhard Heydrich; aber auch Joseph Goebbels, Hermann Göring sowie Gauleiter oder Bürgermeister machten Druck.

Der Ton verschärfte sich und klang mitunter bereits deutlich eliminatorisch. Ende November 1938 beschrieb die SS-Zeitschrift *Das Schwarze Korps* ein Szenario, an dessen Ende die »restlose Vernichtung« des Judentums in Deutschland stehen sollte. Zwei Monate später, am 30. Januar 1939, ging Hitler in einer Reichstagsrede noch weiter und kündigte für den Fall eines Weltkriegs »die Vernichtung der jüdischen Rasse in Europa« an. Die Juden sollten verschwinden – so oder so. Darauf lief es hinaus.

**Vorrangiges Ziel** des nationalsozialistischen Staates war es zu Beginn des Jahres 1939 noch, die Juden zur Auswanderung zu drängen. Das Novemberpogrom hatte Angst und Unsicherheit verbreitet; nun wurde die wirtschaftliche und gesellschaftliche Ausgrenzung forciert. Die Gedanken vieler Juden kreisten ohnehin seit Mitte der Dreißigerjahre um die Auswanderung. »Gehen oder bleiben? Zu früh gehen, zu lange bleiben? Ins Nichts gehen, im Verderben bleiben?«, fragte sich Victor Klemperer im November 1938. Er und seine Frau hielten in Dresden aus.

Es waren verschiedene Motive, die jüdische Deutsche davon abhielten, das Land zu verlassen: Patriotismus, Hoffnung auf Stabilisierung der Lage oder Angst vor dem Verlust des Besitzes. Im Ausland bestand kaum Aussicht auf eine gesicherte Existenz. Die restriktiven Einwanderungsgesetze der meisten Staaten stellten eine schier unüberwindliche Hürde dar.

Trotzdem entschieden sich viele für die Flucht: Jüdische Hilfsorganisationen und Konsulate wurden regelrecht belagert. Immer neue Gerüchte über Ausnahmen und verschlungene Ausreisewege machten die Runde. Jede bis eben noch unvorstellbar erschienene Möglichkeit zog man in Betracht. Die Bemühungen liefen angesichts des Ansturms oft ins Leere. Daran änderte sich auch nichts, als im Februar 1939 nach Wiener Vorbild die deutsche »Reichszentrale für jüdische Auswanderung« unter Reinhard Heydrich eingerichtet wurde. Dem Andrang standen kaum realistische Aussichten auf Visa gegenüber. Überdies blieben die NS-Instanzen in ihren Widersprüchen gefangen – einerseits drängten sie Juden, das Land zu verlassen, andererseits legten sie ihnen permanent Steine in den Weg.

Vor der Ausreise lag ein langwieriges Prozedere voller Behördengänge, Formulare und zermürbendem Warten. Oft zog es sich über Monate hin, Ausgang ungewiss. Wer die Möglichkeit hatte, bat Verwandte oder Bekannte im Ausland um eine Bürgschaft für den Unterhalt. Andere wandten sich verzweifelt an ausländische Hilfsorganisationen oder an bekannte Privatleute. Die deutsche Bürokratie ersann zahlreiche Schikanen, verregelte jedes Detail und organisierte einen Raub auf dem Verwaltungsweg: Grundsätzlich musste Besitz, der nach dem 31. Dezember 1932 erworben worden war, zurückgelassen werden. Ausgenommen waren allein dringend notwendige Kleidung oder bereits fürs Ausland angeschaffter Hausrat. Dessen Gegenwert musste bei Ausreise jedoch dem deutschen Staat als Abgabe gezahlt werden. Gold und Edelsteine, Fotoapparate, Musikinstrumente oder Kunstwerke durften die Flüchtlinge nicht mitnehmen; Ausnahmen wurden für Eheringe, Uhren und ein wenig Tafelsilber gemacht. In umfangreichen Anträgen musste jedes einzelne Stück aufgeführt werden.

Mehr als 100.000 Juden nahmen all dies auf sich und konnten 1939 noch das Land verlassen. Die Ärztin Hertha Nathorff war eine von ihnen: Monatelang kämpfte sie gegen die Bürokratie und rang mit Zweifeln, bis sie schließlich am 28. April 1939 in die USA ausreiste. Sie notierte: »[A]rm, bettelarm, zerrissen an Leib und Seele, so gehe ich in die unbekannte Ferne, voller Sorge um die, die zurückgeblieben, voller Sorge um das eigene Geschick, aber ich bin frei, ich darf schlafen ohne Angst, gehen ohne Gefahr, und ich darf hoffen auf Arbeit und Aufbau für mich und mein Kind, in einem freien Lande, dem

**VOR ALLER AUGEN** In Hohenasperg bei Ludwigsburg werden Sinti und Roma am 22. Mai 1940 zum Bahnhof getrieben und von dort nach Polen deportiert

ich dienen will, wie ich einst der Heimat diente. Ich will mir eine neue Heimat verdienen!«

Wer bis Kriegsbeginn in Deutschland geblieben war, saß nun fest. Die jüdische Gemeinschaft war deutlich kleiner und älter geworden: Lebten 1933 knapp 500.000 Juden im »Altreich«, waren es jetzt nur noch etwa 185.000. Und gerade einmal 15 Prozent von ihnen waren noch berufstätig. Die Nationalsozialisten hatten die Juden erfolgreich aus dem Wirtschaftsleben gedrängt, mit dem Ergebnis, dass die Opfer dieser Politik nun ihre Ersparnisse für das tägliche Überleben aufbrauchten und ansonsten von der Fürsorge abhängig waren, die nur noch jüdische Organisationen leisten durften. Die Gemeinden und die Reichsvertretung der Deutschen Juden (ab Juli 1939 Reichsvereinigung der Juden in Deutschland) gaben mehr als die Hälfte ihrer Mittel für die Wohlfahrt aus.

Die Moral der Juden war am Boden. Nachdem die Serie antijüdischer Verordnungen und Maßnahmen Mitte 1939 ein wenig abgeebbt war, erkannte Victor Klemperer die ausweglose Lage sehr klar: »Die Zeit steht still«, schrieb er Ende Juli, »es ändert sich nichts; immer die gleiche tödliche, stumpfe Ungewißheit und Gefangenschaft.« Viele Juden litten unter nervenzehrender Furcht – vor neuen Gewaltausbrüchen, vor dem Scheitern ihrer Ausreisebemühungen, vor dem Verlust des eigenen Geschäfts und der Existenzgrundlage. Sorge und blanke Angst erschütterten jene, deren Angehörige schon in Konzentrationslager gesperrt worden waren.

**Nicht nur die Judenpolitik,** die nationalsozialistische Vision der »Volksgemeinschaft« insgesamt zielte auf eine »rassereine« Gesellschaft ohne Abweichler. Aus der zunehmend genozidalen Rhetorik wurde bald mörderische Praxis – gegen einen immer größer werdenden Kreis erklärter Gegner. Neben Juden gerieten vor allem Behinderte, Sinti und Roma, Homosexuelle und »Erbkranke« ins Visier.

Mit Beginn des Krieges verschärfte sich die Gegnerverfolgung spürbar. Das NS-Regime rüstete sich für eine neue Phase im Kampf gegen den »inneren Feind«, in welcher der SS- und Polizeiapparat institutionell neu formiert die Führung in der Judenpolitik übernahm. Bereits im Januar 1939 war Reinhard Heydrich, der Chef der Sicherheitspolizei (Gestapo und Kriminalpolizei), von Hermann Göring beauftragt worden, die Auswanderung der Juden durch die neue »Reichszentrale« zu forcieren. Am 27. September 1939 wurden Sicherheitspolizei und Sicherheitsdienst (SD) sowie der Auslandsnachrichtendienst im Reichssicherheitshauptamt (RSHA) zusammengefasst, der neuen Terrorzentrale des NS-Staates unter Heydrichs Leitung. Von hier aus plante und koordinierte man die Verfolgung politischer und »rassischer« Gegner und trieb insbesondere die Ermordung der Juden in Europa voran.

Die schärfere Gangart nach innen hatte vor allem ein Ziel: Sie sollte verhindern, dass »linke Aufwiegler« oder Kriminelle der Armee in den Rücken fielen. In der Vorstellung Hitlers und vieler anderer Deutscher war genau das im November 1918 passiert, als das Kaiserreich durch die Revolution zu Fall gebracht worden war. Was all denjenigen blühte, die erneut als Gefahr für die Geschlossenheit der »Heimatfront« galten, ließ der »Führer« die Nation am 1. September 1939 vor dem Reichstag wissen: »Wer aber glaubt, sich diesem nationalen Gebot, sei es direkt oder indirekt, widersetzen zu können, der fällt! Verräter haben nichts mit uns zu tun!«

Die Entscheidungsträger in den Ministerien, in der Justiz und im Sicherheitsapparat hatten die Botschaft verstanden. Bereits in den ersten Kriegstagen verkündeten sie drakonische Maßnahmen: Das Hören ausländischer Rundfunksender wurde mit Gefängnis bestraft, auf die Verbreitung von Nachrichten des Feindes stand in schweren Fällen der Tod. Außerdem sah die »Verordnung gegen Volksschädlinge« die Todesstrafe für Brandstiftung »oder ein sonstiges gemeingefährliches Verbrechen« vor. Andere Vergehen, die im Schutze der Verdunkelung begangen wurden, sollten mit hohen Zuchthausstrafen belegt werden. Erforderte es »das gesunde Volksempfinden«, sollten Richter aber auch hier die Todesstrafe verhängen. Der Justizwillkür waren damit Tür und Tor geöffnet.

Die Kriminalpolizei hatte sich schon Monate vor dem September 1939 auf den Kriegsfall vorbereitet und erheblich vorbestrafte Männer erfasst, die nicht in die Wehrmacht aufgenommen wurden. Vom ersten Kriegstag an wurden sie verhaftet und in Konzentrationslager eingeliefert. Wenige Wochen später schob Himmler eine Verordnung nach, die sich gegen »Asoziale« und »Arbeitsscheue« richtete: Wurden sie bei Razzien aufgegriffen, kamen auch sie ins KZ.

Sicherheitspolizei und Gestapo waren ebenfalls gewappnet. Sie hatten schon früh Regimegegner registriert und konnten so in den ersten Kriegstagen vor allem Kommunisten, aber auch Sozialdemokraten und andere Linke verhaften. Die Zahl der Häftlinge in den Konzentrationslagern kletterte innerhalb weniger Wochen von rund 21.000 im August auf 32.000 im Oktober 1939. Auch die Zahl der Verurteilungen zu langen Zuchthausstrafen und die der Todesurteile stieg mit Kriegsbeginn spürbar an. Viele Richter nutzten die erweiterten Handlungsspielräume weidlich zulasten der Angeklagten.

**Auch für die Sinti und Roma** in Deutschland wurde die Lage im Krieg immer bedrohlicher. Ihnen war zumeist der Stempel »asozial« aufgedrückt worden. Nun sah die Polizei durch die schnellen Eroberungen die Möglichkeit, sich ihrer zu entledigen.

Am 21. September 1939 entschied Heydrich: Juden und »die restlichen 30.000 Zigeuner« sollten nach Polen deportiert werden. Der Sinti und Roma habhaft zu werden fiel in das Ressort von Arthur Nebe. Eine erste Chance, seinen Auftrag zu erfüllen, witterte der Chef der Kriminalpolizei im Oktober 1939, als er von den Plänen des SS-Sturmbannführers Adolf Eichmann erfuhr, Juden ins polnische Nisko zu deportieren. Eichmann bot an, den Transporten Waggons mit Sinti und Roma anzuhängen.

Etwa zur gleichen Zeit, am 17. Oktober, verfügte das RSHA, dass »Zigeuner und Zigeunermischlinge« im Reich künftig in Lager gebracht werden sollten. So wäre es einfacher, sie zügig und ohne Widerstand aus Deutschland zu deportieren. Fortan durften Sinti und Roma ihren Aufenthaltsort nicht mehr verlassen, Lager jedoch wurden nur mancherorts eingerichtet. Wer gegen die Aufenthaltsbeschränkungen verstieß, hatte härteste Strafen zu fürchten, nicht selten die Einweisung in ein KZ. Dennoch widersetzten sich einige, manche flohen ins Ausland. Wer blieb, war der Behördenwillkür ausgeliefert. So verweigerte die Kriminalpolizei die Genehmigung von Gewerbescheinen, auch wenn Verwaltungsgerichte anders entschieden hatten. Ministerien und Behörden verhängten eine Reihe weiterer antiziganistischer Maßnahmen und stellten Sinti und Roma zum Teil auf eine Stufe mit Juden. Erst im Mai 1940 jedoch, ein halbes Jahr nach dem Festsetzungserlass vom Oktober 1939, kam es zu einer ersten Deportation ins neu entstandene Generalgouvernement Polen.

**Die Erweiterung des Feindbildes** und die verschärfte Verfolgung im Krieg blieben nicht ohne Wirkung auch auf die Täter. Die zunehmend mörderische Praxis enthemmte und brutalisierte: Vielen Entscheidern im Großen und Kleinen, im Berliner RSHA oder in lokalen Gerichten und Amtsstuben, erschien der Schritt vom Gedanken zur Tat, von der Tötung im Einzelfall zum Massenmord als Regelfall immer mehr wie eine logische Konsequenz: eine harte, aber notwendige Operation am »Volkskörper«, der von »Schädlingen« gereinigt werden musste, wie es in der Sprache der NS-Propaganda hieß.

Bei den Opfern weckte der Kriegsbeginn die schlimmsten Befürchtungen. Victor Klemperer fragte sich bang: »Ob sie mich diese Nacht holen? Werde ich erschossen, komme ich ins Konzentrationslager?« Die jahrelange antisemitische Hetze zeigte Wirkung: Juden wurden auf offener Straße angegriffen oder als Spione denunziert, etwa wenn sie sich an Bahnhöfen aufgehalten hatten, wo man Truppentransporte beobachten konnte. Aus dem Parteiapparat kamen Anregungen, alle Juden in Konzentrationslager zu sperren.

Der Krieg radikalisierte die Verfolgung auch hier. Juden mussten verstärkt Zwangsarbeit leisten, Ausgangssperren wurden verhängt, Rationen gekürzt, Kleiderkarten entzogen, der Besitz von Radios wurde verboten. Man drängte die Juden vollends in die Isolation. Mehr und mehr Kommunen zwangen ihre jüdischen Einwohner zudem in sogenannten Judenhäusern zusammen. Das war ein tiefer Einschnitt, die Betroffenen wurden aus ihrer gewohnten Umgebung gerissen und mussten auf engem Raum mit Fremden zusammenleben.

Immer realer erschien die Idee, die Juden nach Madagaskar zu deportieren oder in ein »Judenreservat« in der Nähe von Lublin abzuschieben. Dies waren nicht nur grotesk erscheinende Gedankenspiele. Von September 1939 an wurde eine territoriale »Lösung der Judenfrage« tatsächlich zum Ziel.

Einen ersten Anlauf unternahm Adolf Eichmann auf höheren Befehl im Oktober 1939. Er sollte ein Verfahren erproben, wie Schritt für Schritt alle Juden aus dem Großdeutschen Reich deportiert werden könnten. Mitte Oktober brachte man die ersten Menschen aus Kattowitz, Mährisch-Ostrau und Wien nach Nisko im besetzten Polen und ließ sie dort Aufnahmelager errichten. Insgesamt wurden etwa 5000 Juden nach Nisko verschleppt, bis die »Aktion« Anfang November abgebrochen wurde, weil die Züge für die Wehrmacht und die Umsiedlung von »Volksdeutschen« benötigt wurden. Zwar war der Nisko-Plan damit gescheitert, doch Eichmann hatte eine Blaupause für Deportationen entwickelt: Nach ihrem Vorbild rollten im Herbst 1941 die ersten Todeszüge in den Osten. ■

MARKUS ROTH *ist Geschäftsführer der Arbeitsstelle Holocaustliteratur an der Universität Gießen*

**WEITERLESEN**
Markus Roth: »›Ihr wisst, wollt es aber nicht wissen‹. Verfolgung, Terror und Widerstand im Dritten Reich« C. H. Beck, München 2015

# HANS OSTER

Am Abend des 8. November 1939 lässt sich Hans Oster, Abteilungsleiter bei der »Abwehr«, dem militärischen Geheimdienst, zur Wohnung des niederländischen Militärattachés Gijsbertus Sas in Berlin bringen. Sie sprechen eine Weile, vertraut und offen; sie kennen einander seit Jahren. Sie mögen sich. Sas bemerkt, wie aufgewühlt Oster ist. Er erinnert sich später genau an dessen Worte: »Man kann nun sagen«, setzt Oster an, »dass ich Landesverräter bin. Aber das bin ich in Wirklichkeit nicht, ich halte mich für einen besseren Deutschen als alle die, die hinter Hitler herlaufen. Mein Plan und meine Pflicht ist es, Deutschland und damit die Welt von dieser Pest zu befreien.« Diese Pest, das ist Hitler. Und für einen Landesverräter hält Oster sich, weil er dem Niederländer Sas preisgibt, an welchem Tag die Wehrmacht auch im Westen angreifen will.

Seit Jahren hatte Oster Pläne für einen Staatsstreich gegen Hitler geschmiedet; er stand im Mittelpunkt eines Kreises von Militärs, die den Diktator loswerden wollten – vor allem, weil sie seine Kriegspläne für selbstmörderisch hielten. Doch der richtige Moment für den Putsch schien nicht zu kommen. Zudem fehlte der Gruppe ein Kopf. Um wenigstens Hitlers Krieg im Westen schnell zu stoppen, zieht Oster schließlich im Alleingang seinen niederländischen Bekannten ins Vertrauen.

Doch Hitler verschiebt den Angriff im Westen. Nicht ein Mal, sondern mehr als 25 Mal. Immer wieder gibt Oster die neuen Termine an Sas weiter, der meldet sie in die Heimat – bis ihm dort keiner mehr glaubt. Auch nicht, als die Nachricht am 9. Mai 1940, zwölf Stunden vor dem deutschen Angriff, tatsächlich stimmt. Im April 1943 kommt die Gestapo Hans Oster auf die Schliche und stellt ihn unter Hausarrest; 1944 verhaftet sie ihn mit einer Reihe anderer Offiziere, die wie er mit dem gescheiterten Attentat vom 20. Juli in Verbindung stehen. Am 9. April 1945 wird er im KZ Flossenbürg hingerichtet. **FLO**

# »Hauen Sie ab!«

An der Westfront belauern sich Deutsche und Franzosen. Die größte Schlacht schlägt hier die Propaganda

VON ANNIKA BROCKSCHMIDT

Während die Welt im Herbst 1939 nach Polen schaut, spielen sich an der Front im Westen bizarre Szenen ab. Am 3. September 1939 haben Frankreich und Großbritannien auf den Einmarsch der Wehrmacht in Polen reagiert und Deutschland den Krieg erklärt. Seitdem liegen sich Westalliierte und Deutsche in ihren aufgerüsteten Befestigungsanlagen links und rechts der Grenze gegenüber.

Der deutsche Westwall, kurz vor dem Krieg gebaut und von den Alliierten gern Siegfried-Linie genannt, erstreckt sich über 630 Kilometer und gilt der eigenen Propaganda als unbezwingbares Bollwerk. Britische Soldaten kontern mit dem Spottlied *»We're going to hang out the washing on the Siegfried Line«* (»Wir hängen unsere Wäsche an der Siegfried-Linie auf«). Die Franzosen verharren in der 1936 weitgehend fertiggestellten Maginot-Linie. Geschossen wird auf beiden Seiten kaum, nur vereinzelt kommt es zu Scharmützeln zwischen Spähtrupps und Vorposten.

Dafür gibt es eine andere Art des Feindkontakts: Auf französischer Seite zeigen Soldaten ein Plakat mit der Aufschrift »Bitte nicht schießen, wir schießen nicht«; die Deutschen antworten mit »Wenn ihr nicht schießt, schießen wir auch nicht«. Am Oberrhein glaubt Generaloberst Wilhelm von Leeb fest an die Wirkung der an die Franzosen gerichteten Botschaften: »Selbst Offiziere winken herüber.«

Krieg auf dem Papier, Warten hinter den Wällen – eine zähe Angelegenheit. Die deutsche Propagandaoffensive ist derweil in vollem Gange. Sie soll einen Keil zwischen die Alliierten treiben. Ein beliebtes Motiv sind französische Frauen, die sich in Abwesenheit ihrer Männer angeblich mit Engländern vergnügen. Die Deutschen provozieren mit pornografischen Plakaten, auf denen zu lesen ist: »Soldaten der nördlichen Provinzen, zügellose britische Soldaten schlafen mit euren Frauen und vergewaltigen eure Töchter!« Die Antwort der Franzosen: »Interessiert uns einen Scheißdreck, wir sind aus dem Süden!«

Deutsche Propaganda erreicht die französischen Soldaten auch über das Radio. Aus Stuttgart sendet Paul Ferdonnet, ein übergelaufener rechtsextremer Journalist – ob er seine Beiträge selbst gesprochen hat, ist allerdings umstritten. Anfang 1940 spottet Ernst Jünger, damals Kompaniechef am Westwall, in seinem Tagebuch: »Zu den ersten Toten gehörte übrigens ein Feldwebel der Propagandakompanie, der am Lautsprecher gefallen ist.«

Langeweile macht sich breit, also beschäftigen die Soldaten sich mit Vergnüglichem. Die Briten lassen Entertainer wie die Schauspielerin Gracie Fields einfliegen. Jean-Paul Sartre ist einer von denen, die hinter der Maginot-Linie warten. Am 28. November schreibt er: »Seit einiger Zeit wiederholt der Feldwebel immer wieder […]: ›Nur los mit dem Bumbum! Ich hab mit den Deutschen ein Hühnchen zu rupfen!‹« Das Warten belastet die Psyche. Sartre hält ein Gespräch zwischen zwei Soldaten fest:

»›Und was sagen sie in Paris?‹

›Es ödet sie an, daß wir nicht angreifen, […] sie finden, daß es nicht komisch ist, Paris bei Nacht, mit all den gelöschten Lichtern, und sie hätten gern, daß wir uns schneller den Schädel einschlagen, damit das aufhört.‹

›Also genau dasselbe, was wir meinen.‹«

**Für die seltsame Form des Krieges** ist schnell ein Name gefunden: Bei den Franzosen etabliert sich *Drôle de guerre,* »komischer Krieg«. Die britische Presse tauft ihn »Sitzkrieg«, das Gegenstück zum »Blitzkrieg«. Außerdem taucht im Englischen der Begriff *Phoney War* auf, »falscher Krieg«, ein So-tun-als-ob. Die Royal Air Force lässt Propaganda-Pamphlete statt Bomben über Deutschland niederregnen, was dem Krieg einen weiteren Spitznamen einbringt: *Confetti War.*

Im Januar 1940 notiert Ernst Jünger in sein Tagebuch, es habe im Nachbarabschnitt Verwundete gegeben, »weil man dort eine Strohpuppe mit der Maske von Chamberlain vorgezeigt habe. […] In der Armee übersteigt die Zahl der bei Verkehrsunfällen Getöteten die der durch feindliches Feuer Gefallenen um ein Vielfaches.«

Einen Vorstoß wagen die Franzosen im September 1939 bei Saarbrücken, wo der Westwall dicht entlang der Grenze verläuft. Doch schon nach wenigen Tagen beschließt der britisch-französische Supreme War

Council den Rückzug. Der Angriff könne den Ausgang des Krieges in Polen nicht mehr beeinflussen, glaubt der Oberbefehlshaber der französischen Streitkräfte, Maurice Gamelin.

Frankreich rechnet mit einer deutschen Offensive im Westen, hofft aber noch auf ein friedliches Ende. Dafür sprechen Geheimdienstinformationen, nach denen ein Angriff beim deutschen Generalstab unpopulär sei – eine korrekte Einschätzung. Auch unter Kameraden kursieren Geschichten über die Deutschen, die nicht unbedingt auf große Kriegslust schließen lassen. Sartre hält fest, was ein Unteroffizier berichtet hat, der von den Deutschen bei Wissembourg gefangen genommen wurde: »Ein deutscher Offizier verhört ihn [...]. Nach einer halben Stunde sagt der deutsche Offizier zu ihm: ›Gut. Und jetzt hauen Sie ab, gehen Sie heim, und belästigen Sie uns nicht mit Ihren Patrouillen.‹«

Gamelin pokert, setzt auf die Maginot-Linie und bleibt bei seiner Strategie des Abwartens. Die Franzosen hoffen zudem auf weitere Verstärkung. Vier Divisionen der British Expeditionary Force treffen im September ein, bis Mai 1940 werden es elf sein.

Der schnelle Sieg über Polen und das passive Verhalten der Westmächte ermutigen Hitler, gegen Frankreich loszuschlagen. Doch seine Denkschrift vom 9. Oktober 1939, in der er seinen Angriffsplan skizziert, stößt im Oberkommando des Heeres (OKH) auf Unmut. Hitler überschätzt darin die Munitionsstärke sowie den Ausbildungs- und Motorisierungsgrad der Wehrmacht. Im OKH hält man es für reichlich gewagt, eine Befestigung wie die Maginot-Linie anzugreifen, zudem ist ein Zweifrontenkrieg ein Albtraum für jeden Strategen. Außerdem würde man die Neutralität Belgiens, der Niederlande und Luxemburgs verletzen. Wie schon 1938 regt sich Widerstand in einer kleinen Gruppe hochrangiger Offiziere, zu der etwa Hans Oster und Helmuth Groscurth gehörten. Welche Rolle Generalstabschef Franz Halder zu dieser Zeit spielte, ist umstritten, ebenso die Frage, wie ausgereift die Pläne für einen Staatsstreich im Falle eines Angriffsbefehls waren. Die Verschwörer warten ab, sind unsicher, wie viele Offiziere ihnen gegen Hitler folgen würden.

Der Oberbefehlshaber der Wehrmacht bleibt dabei: Er will den Angriff, und zwar bis spätestens Mitte November. Folglich werden im OKH die Pläne für den Westfeldzug ausgearbeitet. Am 5. November kommt es zum Eklat: Hitler möchte bereits in einer Woche angreifen. Walther von Brauchitsch, der Oberbefehlshaber des Heeres, und Halder versuchen erneut, Hitler umzustimmen. Dessen Wutausbruch und die Drohung, »den Geist von Zossen« auszurotten, versetzen Halder in Angst: Weiß Hitler von den Umsturzplänen? In Zossen südlich von Berlin befindet sich das Hauptquartier des OKH.

Brauchitsch und Halder widersetzen sich Hitlers Plänen nun nicht mehr, der Weg für die Westoffensive ist frei. Allerdings muss der Angriff noch 29 Mal verschoben werden. Einer der Gründe dafür ist die schlechte Wetterlage: Der Winter 1939/40 wird einer der kältesten des Jahrhunderts. Vom Zeitpunkt der britischen und französischen Kriegserklärung bis zum deutschen Überfall auf die Niederlande, Belgien und Luxemburg am 10. Mai 1940 werden schließlich volle acht Monate vergehen, in denen sich die Soldaten beiderseits der Grenze beäugen und belauern. ■

**KOMPANIE FLÜSTERTÜTE**
Deutsche Soldaten Anfang 1940 an der Westfront: Sprachrohr-Propaganda soll die Franzosen verunsichern

ANNIKA BROCKSCHMIDT *ist freie Journalistin und lebt in Berlin*

# Sterben für Danzig?

Eine französische Offensive im Westen hätte den Krieg schon 1939 entscheiden können. Doch der Angriff blieb aus

VON THOMAS SPECKMANN

Was war los mit den Alliierten? Frankreich und Großbritannien waren bei Kriegsausbruch gut gerüstet: Sie verfügten über mehr Soldaten, mehr Panzer und mehr Flugzeuge als Deutschland. Allein Frankreich konnte 1939 gut sechs Millionen Mann mobilisieren, während die Wehrmacht nur auf 4,5 Millionen kam.

Auch waffentechnisch waren die Westmächte der Wehrmacht zum Teil überlegen. Britische und französische Panzer waren meist stärker bewaffnet und besser gepanzert, während zwei Drittel der deutschen Kampfwagen kaum für einen Einsatz gegen feindliche Panzer taugten. Und die alliierten Jäger und Bomber erwiesen sich den Typen der Luftwaffe mindestens als ebenbürtig.

Umso rätselhafter ist es, dass die Alliierten darauf verzichteten, ihre militärische Stärke auszuspielen. Warum verharrten sie in ihren Stellungen, als Hitlers Divisionen nach Warschau marschierten?

Zwar hatte das französische Militär aus dem Ersten Weltkrieg die Lehre gezogen, dass nicht das Ausharren im Schützengraben, nicht die großen Materialschlachten das Ringen entschieden hatten, sondern die beinahe erfolgreiche Frühjahrsoffensive der Deutschen 1918 und die folgenden Sommer- und Herbstoffensiven der Alliierten. In den Instruktionen für die Armee von 1936 legte die französische Heeresleitung jedoch fest, einen kommenden Krieg gegen Deutschland zunächst als Defensivkampf von der Maginot-Linie aus zu führen. Erst in einer zweiten Phase sollten Offensiven beginnen. Tatsächlich wagte die französische Armee nach Kriegsbeginn einen einzigen größeren Vorstoß, um ihren polnischen Verbündeten zu entlasten.

**Dabei hatte Frankreich** den Polen einen militärischen Schlag gegen Deutschland zugesagt. Im April 1939 handelten Frankreichs Generalstabschef Maurice Gamelin und der polnische Oberbefehlshaber Tadeusz Kasprzycki in Paris ein Militärabkommen aus. Bei einer deutschen Invasion Polens sollten erste französische Einheiten bereits am dritten Tag nach der Mobilmachung gegen das Deutsche Reich aktiv werden, gefolgt von einer größeren Entlastungsoffensive am 17. Tag.

Doch die Militärkonvention blieb an den Abschluss eines politischen Abkommens gebunden. Die beiden Außenminister verhandelten darüber, das französisch-polnische Bündnis aus dem Jahr 1921 um eine französische Beistandspflicht im Fall eines deutschen Angriffs zu erweitern. Dieses Abkommen trat jedoch vor Kriegsbeginn nicht mehr in Kraft, da in Frankreich noch die Zustimmung des Parlaments und des Kriegsministers ausstand. Erst am 4. September 1939 wurde der Beistandspakt (der sich im Wortlaut an den britisch-polnischen Vertrag vom 25. August anlehnte) rechtskräftig.

In den ersten Kriegstagen hielt sich Frankreich an den mit Polen vereinbarten Schlachtplan: Vier Tage nach der Kriegserklärung an das Deutsche Reich, am 7. September, erteilte General André-Gaston Prételat, Befehlshaber der 2. Heeresgruppe, den Befehl zum Angriff. Sechs Elitedivisionen und fünf Panzerbataillone sollten Richtung Saarbrücken vorrücken und eine Ausgangsbasis für kommende Operationen schaffen.

Allerdings wusste das französische Oberkommando nicht, welche deutschen Streitkräfte in diesem Frontabschnitt lagen, eine Aufklärung misslang. Und die französische Führung überschätzte die Stärke des Westwalls, der nur teilweise fertiggestellt war und dessen Besatzung überwiegend aus älteren Soldaten bestand. Auch ahnten die Franzosen nicht, dass die deutschen Munitionsvorräte lediglich für drei Tage reichen würden. Paris ging bei einem Angriff auf die »Siegfried-Linie« von schweren, verlustreichen Kämpfen aus – eine fatale Fehleinschätzung.

**DEN GEGNER ÜBERSCHÄTZT**
Französische Soldaten prägen sich mit einem großen Plan die Silhouetten von deutschen Flugzeugen ein

**SCHNEISE WESTWALL**
Von Kleve am Niederrhein bis kurz vor Basel wird die deutsche Westgrenze von 1938 an mit Gräben und Panzersperren gesichert

Bei ihrem Vorstoß lieferten sich die französischen Truppen Scharmützel mit deutschen Grenzpatrouillen und wurden von Minenfeldern aufgehalten. Die Angreifer hatten wenig Erfahrung im Räumen von Minen, auch das gemeinsame Vorgehen von Panzern und Infanterie war noch nicht erprobt. So drangen die Soldaten in sechs Tagen lediglich neun Kilometer auf deutsches Gebiet vor und erreichten nicht einmal die vorderen Stellungen des Westwalls. General Prételat forderte bei Oberbefehlshaber Gamelin Verstärkung an.

Am 12. September tagte in Abbeville zum ersten Mal das alliierte Oberkommando. Zu diesem Zeitpunkt hatte die Wehrmacht bereits weite Teile Westpolens erobert. Die Erwartung der Alliierten, dass Polen mindestens sechs Monate lang Widerstand leisten könne, hatte sich nicht erfüllt. Auch der französische Vormarsch war schwieriger als angenommen. Und Großbritannien zügelte seinen Bündnispartner, denn man befürchtete eine Zersplitterung der alliierten Kräfte. Die von London angeregten Bombardierungen des Ruhrgebiets wiederum unterband Paris aus Furcht vor deutschen Gegenangriffen. So wurden die Ziele der Bodenoffensive kurzerhand neu definiert: Statt um größere Geländegewinne oder einen Durchbruch am Westwall ging es nur noch darum, deutsche Kräfte zu binden und die gegnerische Kampfmoral zu schwächen.

Der Haltebefehl an die drei vorrückenden französischen Armeen erging am 13. September. Vier Tage später marschierten sowjetische Truppen in Ostpolen ein, Warschaus Regierung floh nach Rumänien. Am 20. September hatte die Wehrmacht bereits 20 Divisionen aus Polen abgezogen und an den Westwall verlegt. Laufend kamen weitere Einheiten hinzu, um die dünne Verteidigungslinie zu verstärken. Damit hatte sich das Zeitfenster für eine Erfolg versprechende alliierte Offensive gegen einen zunächst schwachen Gegner geschlossen.

**An der 250 Kilometer langen** Westgrenze des Deutschen Reiches zwischen Mosel und Basel hatten zu Beginn des Krieges nur neun aktive deutsche Infanteriedivisionen sowie zwölf der Reserve gelegen, meist Landwehr- oder Landsturm-Einheiten. Dagegen hatte allein Frankreich 71 Divisionen mobilisieren können. Dieser Übermacht hätten die deutschen Truppen kaum standhalten können, zumal sie über keine Kampfpanzer und nur über wenige Flugzeuge verfügten. Ein französischer Angriff gegen die schwach gesicherte deutsche Westfront »hätte nach menschlichem Ermessen zu einer sehr schnellen militärischen Niederlage Deutschlands und damit zu einem Ende des Krieges geführt«, urteilte bereits in den Sechzigerjahren der Kölner Historiker Andreas Hillgruber.

Stattdessen begann am 4. Oktober 1939 der Rückzug der französischen Truppen aus deutschem Gebiet. Zwei Wochen später erreichten die Einheiten wieder ihre Ausgangsstellungen an der Maginot-Linie. Damit waren die französischen Offensivbemühungen schon im Ansatz gescheitert; von nun an beschränkte man sich auf die Defensive. Vorübergehend hatten die Franzosen etwa 50 deutsche Ortschaften besetzt, 400 Soldaten waren bei den Kämpfen gefallen, 700 in Gefangenschaft geraten. Die Wehrmacht meldete 196 Gefallene.

Dass Paris und London die historische Chance im September 1939 ungenutzt ließen, erscheint im Rückblick schwer verständlich. Zweifellos lagen die Stärken der französischen Armee nicht in der Offensive, aber es fehlte andererseits auch nicht an Vorschlägen, neue Taktiken zu entwickeln und die Schlagkraft zu erhöhen. So hatte etwa der französische Oberst Charles de Gaulle den Bewegungskrieg der Wehrmacht in Polen studiert und beantragt, die französischen Panzerbataillone, die bislang auf acht Armeen zerstreut waren, zu eigenen Großverbänden zusammenzufassen. Doch solche vielversprechenden Vorschläge drangen bei der Armeeführung nicht durch. Man befürchtete, dass damit die Verteidigungsfähigkeit der Infanterie geschwächt würde.

Warum verzichteten die militärische und die politische Führung Frankreichs auf eine Steigerung der Offensivkraft, warum agierten die Streitkräfte so zurückhaltend? Mehrere Generationen von Historikern haben versucht, die eigenartige Lethargie zu erklären.

Vor allem psychologische Gründe werden genannt. Das Land war wie gelähmt von den Erfahrungen des Ersten Weltkriegs, der für die Entente ein Pyrrhussieg gewesen war. Frankreich hatte mit eineinhalb Millionen Toten und Vermissten relativ gesehen die höchsten Verluste aller Kriegsteilnehmer zu beklagen. Von den Männern zwischen 18 und 27 Jahren war beinahe ein Drittel auf den Schlachtfeldern geblieben. Vor allem die »Hölle von Verdun« wurde zum nationalen Trauma. Kriegsmüdigkeit und Friedenssehnsucht prägten die Zwischenkriegszeit.

Der Leitartikel in der Zeitschrift *L'Œuvre* vom 10. Juli 1939 mit dem eher schon rhetorisch fragenden Titel *»Mourir pour Dantzig?«* (Sterben für Danzig?) wurde zum Wahlspruch einer Nation, die sich ein Vierteljahrhundert zuvor noch in den Schützengräben aufgeopfert hatte. Weder die deutsche Aufrüstung noch die Rheinland-Besetzung 1936, noch die Sudetenkrise 1938 konnten die Last der Erinnerung abschütteln und Kriegsbereitschaft erzeugen. Für die französische Regierung blieb unvorstellbar, wegen des Danziger Korridors erneut in einen Krieg mit Deutschland einzutreten. Auch die Generalität konzentrierte sich auf ihre primäre Aufgabe: den Schutz der eigenen Heimat – nicht der polnischen.

**Es gibt aber auch eine übergreifende,** von der Hypothek des Ersten Weltkriegs losgelöste Erklärung. Legt man generell das Verhalten westlicher Demokratien als Maßstab zugrunde, ist die defensive Ausrichtung Frankreichs in den Jahren 1939/40 keine Ausnahme, sondern bestätigt vielmehr die Regel. Demokratien tun sich allgemein schwer mit militärischen Präventivschlägen, auch wenn diese dazu dienen sollen, Verbündete zu verteidigen. Ebenso wie Interventionen in entlegenen Weltregionen stoßen Waffengänge, die den Charakter eines Angriffs tragen, tendenziell auf wenig Zustimmung. Nicht nur die Polen, auch die Briten und Franzosen selbst mussten erleben, wie sehr Demokratien zögern, ihren Verbündeten zu Hilfe zu eilen. Erst als die Vereinigten Staaten im Dezember 1941 in Pearl Harbor von Japan angegriffen wurden und Hitler ihnen den Krieg erklärte, gelang es US-Präsident Franklin D. Roosevelt, die Amerikaner von einem Waffengang in Europa zu überzeugen.

Auch Frankreich musste im Mai/Juni 1940 erst direkt angegriffen werden, ehe das Land seine Lähmung überwand und sein militärisches Potenzial in die Waagschale warf. Doch nun war es zu spät. Die Wehrmacht bot keine Schwachstelle mehr, sie hatte ihre Panzer und Flugzeuge im Westen konzentriert und war im modernen Bewegungskrieg überlegen.

Rückblickend geurteilt, wäre ein alliierter Angriff im September 1939 die bessere Verteidigung gewesen. Den Krieg hatten London und Paris den Deutschen erklärt – sie hätten ihn nur führen müssen. ■

THOMAS SPECKMANN *ist Historiker und Politikwissenschaftler. Er lebt in Berlin*

# Die letzte Fahrt

Die »Admiral Graf Spee« versenkt neun britische Handelsschiffe. Dann wird der Jäger selbst zum Gejagten. Im Südatlantik erlebt die Wehrmacht ihre erste Niederlage

VON ANDREAS MOLITOR

**DRAMA AM RÍO DE LA PLATA** Mit der Selbstversenkung der »Admiral Graf Spee« endet am 17. Dezember 1939 die erste Seeschlacht des Zweiten Weltkriegs

Verdammt zähes Schiff«, knurrt der alte englische Kapitän trocken. Von der Brücke der *Admiral Graf Spee* muss er zusehen, wie seine *Clement* sich steil aufrichtet und dann senkrecht auf 4000 Meter Tiefe geht. Neben ihm steht der Kommandant des deutschen Kaperschiffs; auch er ist nicht in Feierlaune. Viel zu lange hat sich die *Admiral Graf Spee* damit geplagt, den englischen Dampfer auf den Meeresgrund zu schicken. Zuerst wurden die Bodenventile der *Clement* geöffnet – ohne Wirkung. Dann zündeten die Sprengpatronen nicht, mehrere Torpedos verfehlten ihr Ziel. Erst die Geschosse aus den mächtigen 28-Zentimeter-Drillingsgeschützen reißen den Rumpf der *Clement* auf.

Es ist der 30. September 1939. 50 Seemeilen vor der brasilianischen Küste. Der erste Einsatz des vielleicht modernsten Kriegsschiffs der Welt gegen den Feind. Das Bordflugzeug der *Admiral Graf Spee* hat die Beute entdeckt: die *Clement* aus Liverpool, unterwegs mit Pfeffer, Mehl, Zement und Autoreifen von New York zu brasilianischen Häfen. Der einmotorige Flieger signalisiert dem Frachter, er solle seinen Funkverkehr sofort einstellen. Der ignoriert die Warnung und funkt noch elfmal »r« für *»raider«*, also »Kaperschiff«, sowie die exakte Position. Als das Verkehrsboot mit dem Prisenkommando der *Spee* die *Clement* erreicht, ist die Mannschaft schon in die Rettungsboote geflüchtet. Die Crew hat noch in aller Eile sämtliche Unterlagen über Bord geworfen und beide Funkstationen zerstört.

Hans Langsdorff, der Kommandant des deutschen Panzerschiffs, ist ein Offizier, der sich streng an die Regeln hält. Nach internationalem Seerecht sind Kaperungen feindlicher Schiffe zu Kriegszeiten erlaubt. Langsdorff sorgt dafür, dass die Seeleute der *Clement* von anderen Schiffen aufgenommen werden. *»Please save lifeboats of Clement«*, lässt er mitsamt der Position an neutrale Dampfer in der Gegend funken. Der Kapitän und der Chefingenieur des versenkten Frachters werden auf der *Spee* einquartiert und erhalten warme Schlafanzüge. Fotos zeigen den englischen Schiffsführer beim entspannten Small Talk mit Langsdorff an Deck sitzend.

**40 Tage zuvor,** am 21. August, ist die *Spee* mit mehr als 1000 Mann an Bord unter den Klängen von *Muss i denn* in Wilhelmshaven ausgelaufen. Krieg liegt in der Luft. Der Kommandant gibt die Aufgabe bekannt: »Unbemerkter Durchbruch in den Atlantischen Ozean. Bei Kriegsausbruch mit England: Handelskrieg im Südatlantik.«

Die *Admiral Graf Spee* ist noch in den späten Zwanzigerjahren entwickelt worden, unter den Auflagen des Versailler Vertrages, wonach die Höchsttonnage 10.000 Tonnen Wasserverdrängung nicht überschreiten darf. Ihre Konstrukteure sind der Maxime »Stärker als jedes schnellere und schneller als jedes stärkere Schiff« gefolgt. Das Panzerschiff schafft 28,5 Knoten, führt aber nahezu die Bewaffnung eines weit größeren Schlachtschiffs – zwei 28-Zentimeter-Drillingsgeschütztürme, acht 15-Zentimeter-Geschütze, acht Torpedorohre sowie opulente Flak-Bewaffnung. Ein neuartiger Dieselmotor mit 55.000 PS verleiht dem Schiff eine bis dato für unmöglich gehaltene Reichweite. Britische Journalisten geben der *Spee* den Spitznamen »Westentaschen-Schlachtschiff«. 1934, beim Stapellauf in Wilhelmshaven, wird sie feierlich auf den Namen jenes Admirals getauft, der 20 Jahre zuvor mit seinen beiden Söhnen und 2200 Marinesoldaten in einem Gefecht mit den Briten bei den Falklandinseln untergegangen ist.

Das Kommando auf der *Spee* führt seit Oktober 1938 Kapitän zur See Hans Langsdorff, geboren 1894 in Bergen auf Rügen. Entgegen der Familientradition, wonach man entweder Pfarrer oder Richter wurde, entscheidet er sich für die Marineoffizierslaufbahn und überlebt 1916 als Leutnant auf dem Linienschiff *Großer Kurfürst* die Skagerrakschlacht und danach auf Minensuchern den Rest des Ersten Weltkriegs. Bei der Mannschaft der *Spee* genießt er großes Ansehen. Das Wohl der ihm anvertrauten Matrosen ist ihm höchstes Gebot.

Der Handelskrieg gehört zum Kern der deutschen Marine-Strategie gegen die weit überlegene englische Flotte. Englands große Schwäche ist die völlige Abhängigkeit von Importen. Deutsche U-Boote, Panzerschiffe und Kreuzer sollen Handelsschiffe angreifen und die britische Flotte zwingen, sie durch kampfkräftige Einheiten zu sichern – die dadurch an anderen Seekriegsschauplätzen nicht zur Verfügung stehen.

Die ersten Wochen an Bord der *Spee* vergehen mit Warten. Während die Wehrmacht Polen überrennt, beobachten die Männer Wale und Schwärme fliegender Fische, singen auf dem Oberdeck Soldaten- und Seemannslieder und lassen sich braun braten. Noch muss die *Spee* sich in den Weiten des Südatlantiks verborgen halten. »Für uns ist es gerade kein erhebendes Gefühl, immer nur aufzupassen, um ja nicht gesichtet zu werden«, vertraut der Maschinenobermaat Hans Götz seinem Tagebuch an. »Viel lieber möchten wir auch kämpfen und den Engländern die Hölle heiß machen.«

Am 27. September 1939 verkündet der Kommandant den Befehl der Seekriegsleitung: »Die Panzerschiffe haben durch Vorstöße in die Operationsgebiete den Handelskrieg aufzunehmen.« Im Suchzickzack, kreuzend zum vermuteten Kurs der englischen Dampfer, bewegt sich die *Spee* zunächst im Südatlantik zwischen der Ostküste Südamerikas und der Westküste Afrikas und dann bis hinein in den Indischen Ozean.

**FLOTTENPARADE AUF DER ELBE**
Die »Admiral Graf Spee« im Juni 1939 bei der Heimkehr der Luftwaffensoldaten der Legion Condor im Hamburger Hafen. Zwei Jahre zuvor war das Panzerschiff selbst im Spanischen Bürgerkrieg im Einsatz

»Die *Graf Spee* wurde kühn und unternehmungslustig geführt«, wird Winston Churchill, zu jener Zeit Erster Lord der Admiralität, später urteilen. »Ihre Taktik war, irgendwo kurz zu erscheinen, ein Opfer zur Strecke zu bringen und dann wieder in der Unendlichkeit des Ozeans zu verschwinden.« Damit sie nicht entdeckt wird, vermeidet sie unnötige Funksignale und läuft keinen Hafen an. Diesel und Proviant erhält das Panzerschiff auf hoher See vom Versorger *Altmark,* der auch das Gros der bei den Kaperungen gefangenen britischen Seeleute aufnimmt.

Geschickte Tarnung soll den Feind irritieren. Langsdorff lässt an Bord Attrappen eines Geschützturms und eines zweiten Schornsteins bauen und bei den meisten Kaperungen das Namensschild seines Schiffes durch eines mit der Aufschrift »Admiral Scheer« ersetzen. Beim Herannahen an englische Frachter setzt die *Spee* die französische Trikolore – und erst beim Aufdrehen vor dem Beuteschiff, den Regeln des Kriegsvölkerrechts entsprechend, die deutsche Kriegsflagge.

Binnen wenigen Wochen erwirbt die *Spee* sich den Ruf eines gefürchteten Jägers. Es gelingt ihr, neun britische Frachter mit einer Gesamttonnage von mehr als 50.000 Bruttoregistertonnen zu versenken. Langsdorff lässt beschlagnahmen, was zur Ergänzung der eigenen Vorräte zu gebrauchen ist

**KEINE TOTEN HELDEN**
Hans Langsdorff will seine Mannschaft nicht opfern. Das Foto zeigt den Kapitän und Matrosen nach dem Untergang der »Spee« auf einem argentinischen Schlepper in Buenos Aires

– Mehl, Zucker, Butter oder Kartoffeln –, der Rest wird auf den Meeresgrund geschickt. Kein einziges Besatzungsmitglied der gekaperten Schiffe verliert bei den Operationen sein Leben. All dies nährt den Mythos der *Admiral Graf Spee.* Ein Kriegsschiff, binnen wenigen Monaten zur Legende verklärt, obwohl es noch keine einzige Schlacht geschlagen hat.

Ende November ist die *Spee* reif für eine Überholung in Deutschland. Langsdorff jedoch befiehlt zunächst Kurs Richtung Mündung des Río de la Plata. Er hofft auf einen letzten großen Coup; erst danach soll es zurück in die Heimat gehen. Er ahnt wohl, dass sein Schiff längst zum Gejagten der mächtigsten Marine jener Zeit geworden ist. Später wird Churchill das Schicksal der *Spee* mit dem einer Schnittblume vergleichen: »Schön anzusehen und doch dem Tode geweiht.«

**Der Morgen des 13. Dezember.** Um 6.10 Uhr kommen drei Schiffe in Sicht. Als sich offenbart, dass es sich um britische Kriegsschiffe handelt, den Schweren Kreuzer *Exeter* und die Leichten Kreuzer *Ajax* und *Achilles,* ist es zu spät zum Abdrehen. Bei einer Flucht hätte die *Spee* die schnelleren englischen Schiffe im Nacken gehabt. Vielleicht will Langsdorff aber auch beweisen, dass der Stolz der deutschen Kriegsmarine nicht nur wehrlose Frachter versenken kann.

Mit den Worten »Woll'n wir die mal nehmen« eröffnet er die erste Seeschlacht des Zweiten Weltkriegs. Das deutsche Panzerschiff ist waffentechnisch überlegen, hat es aber mit drei Gegnern zu tun. Insbesondere *Ajax* und *Achilles* sind schneller und wendiger als die *Spee* und nehmen ihren Gegner in die Zange, sodass der nach beiden Seiten schießen muss. »Langsdorff führte sein Schiff wie einen Zerstörer«, rekonstruiert der Marinehistoriker Jann Markus Witt das Gefecht. »Ständig befahl er schnelle Kurswechsel – was seine Geschützführer zwang, sich immer wieder neu auf ihre Gegner einzuschießen.«

Vor allem die *Exeter* bekommt schwere Treffer ab. Die beiden britischen Leichten Kreuzer dagegen können das deutsche Panzerschiff »ungestört von achtern mit einem Hagel von 15-cm-Granaten überschütten«, schreibt Friedrich Wilhelm Rasenack, artillerietechnischer Offizier auf der *Spee,* in seinem 1957 erschienenen Buch über seine Zeit auf dem Schiff. Nach einem weiteren Volltreffer dreht die *Exeter* kampfunfähig ab. Aber die beiden Leichten Kreuzer halten Tuchfühlung; sie werden die lange gesuchte *Spee* nicht entkommen lassen.

Auch die *Spee* ist schwer getroffen. Die Geschosse haben Löcher in die stählerne Außenwand gerissen, durch die bei schwerem Seegang Wasser eindringen wird. Die Anlagen für Ölreinigung und Frischwassererzeugung, alle drei Kombüsen sowie die Bäckerei sind zerstört, die Mehlvorräte nach einem Wassereinbruch vernichtet. 36 Besatzungsmitglieder sind bei dem Gefecht ums Leben gekommen, 60 verletzt worden. »Blutspuren zeigen überall den Weg der Verwundeten«, schreibt Rasenack in seinen Erinnerungen. »Es riecht nach Brand, Blut und Eisen.« Etliche Matrosen sind von Geschossen und Splittern völlig zerfetzt worden. Auf den englischen Schiffen werden 72 Tote gezählt, die meisten auf der *Exeter.*

Langsdorff ist klar, dass sein schwer beschädigtes Schiff dringend instand gesetzt werden muss. Er trifft eine folgenschwere Entscheidung und lässt Montevideo ansteuern, den nächstgelegenen neutralen Hafen – wohl wissend, dass die *Spee* dort in der Falle sitzt. »Da Schiff mit Bordmitteln für den Durchbruch in die Heimat nicht klargemacht werden kann, Entschluß nach dem La-Plata zu gehen auf die Gefahr hin, dort eingeschlossen zu werden«, heißt es im Gefechtsbericht jenes Tages. Am späten Abend läuft die *Spee* in den Hafen von Montevideo ein. Dem britischen Botschafter werden 61 Gefangene übergeben – die Offiziere der versenkten Frachter.

Es beginnt ein dreitägiger diplomatischer Nervenkrieg. Uruguay ist zwar neutral, aber wirtschaftlich von Großbritannien abhängig. Der britische Botschafter übt Druck auf die Regierung aus: Das deutsche Panzerschiff soll umgehend wieder auslaufen. Schließlich gewährt die Regierung Uruguays eine Frist von 72 Stunden – viel zu wenig selbst für die notdürftigsten Reparaturen. Außerdem gelingt es dem britischen Geheimdienst, eine gezielte Desinformation über das Eintreffen einer großen Zahl englischer Schiffe zu streuen, die vor der Mündung des Río de la Plata auf einen Ausbruchsversuch des deutschen Panzerschiffs lauern.

Langsdorff steckt im Dilemma. Soll er der Tradition der Marine folgen, die einen heldenhaften Untergang in einer aussichtslosen Seeschlacht fordert? Oder seinem Gewissen, das ihm nahelegt, das Leben von mehr als 1000 Soldaten nicht sinnlos zu opfern? Die Artilleriemunition der *Spee* reicht gerade noch für ein halbstündiges Gefecht. Ein Verbleib im Hafen ist gleichfalls keine Option. Die *Spee* würde dort entweder kampflos in die Hände des Feindes fallen oder zusammengeschossen werden. Auch einen Durchbruch den Río de la Plata aufwärts nach Buenos Aires, ins deutschfreundlichere Argentinien, verwirft Langsdorff, da das Fahrwasser des Flusses für die *Spee* nicht tief genug ist.

**Die Entscheidung fällt** am Abend des 16. Dezember. »Unter diesen Umständen bleibt mir keine andere Wahl, als mein Schiff zu versenken«, schreibt Langsdorff an den deutschen Gesandten in Montevideo. Überliefert ist sein berühmt gewordener Satz: »Für mich sind tausend junge Männer lebend mehr wert als tausend tote Helden.«

Am Abend des folgenden Tages läuft die *Spee* aus. »Ganz Montevideo wohnt dem Schauspiel bei«, schreibt Rasenack, »die Kaianlagen und Molen sind schwarz von Menschen« – in Erwartung einer finalen Seeschlacht. Außerhalb der Dreimeilenzone steigt der Großteil der Mannschaft auf den deutschen Frachter *Tacoma* um und von dort auf argentinische Schlepper mit dem Ziel Buenos Aires. Manche der Deutschen bleiben dort für den Rest ihres Lebens, andere schlagen sich nach Deutschland durch und kämpfen auf anderen Schiffen weiter. Der letzte Überlebende der *Spee* stirbt im Jahr 2017.

Der Kommandant und etwa 40 Mann bleiben an Bord. Acht Kilometer vor der Küste ersterben die Motoren. Mit Handgranaten und Vorschlaghämmern zerstören die Männer des Einsatztrosses alles, was auf keinen Fall den Engländern in die Hände fallen darf: Geschütze, Fernsteuerungen, Schaltschränke, Zielgeräte, Empfangs- und Sendeanlagen.

Zum Schluss verbleibt ein sechsköpfiges Sprengkommando auf der *Spee*. Die Männer verteilen die gesamte Restmunition, darunter sechs Torpedoköpfe, unten im Schiff, an den Motoren, den Munitionslagern, den Treibstofftanks, und versehen sie mit Zeitzündern. Dann gehen auch sie von Bord. Langsdorff will auf seinem Schiff bleiben, doch die Offiziere können ihn davon abbringen.

Um 19.56 Uhr, als die Sonne gerade untergeht, »schießt eine Stichflamme aus dem Panzerschiff hervor, die sich zu einer schwarzen, gedrungenen Säule wandelt und von einem dumpfen Donner gefolgt wird« – so das Kriegstagebuch. »Kurz darauf bricht, anscheinend am Heck, ein riesiger Feuerball auf, eine zweite, viel stärkere Explosion erfolgt.« Drei Tage brennt das Schiff. Dann sinkt es auf den schlammigen Grund im Mündungsgebiet des Río de la Plata. Dort ruht es auf nur acht Meter Tiefe bis heute.

Hitler ist außer sich vor Wut, als er von der Selbstversenkung der *Spee* erfährt. Großadmiral Erich Raeder, Oberbefehlshaber der Kriegsmarine, erlässt wenige Tage später einen unmissverständlichen Befehl: »Das deutsche Kriegsschiff kämpft unter vollem Einsatz seiner Besatzung bis zur letzten Granate, bis es siegt oder mit wehender Fahne untergeht.«

Der unausgesprochene Vorwurf der Feigheit muss Langsdorff schwer getroffen haben. Am 19. Dezember verfasst er einen Abschiedsbrief an den deutschen Botschafter in Uruguay. »Ich kann nur noch durch meinen Tod beweisen, daß die Soldaten des Dritten Reiches für die Ehre der Flagge bereit sind zu sterben.« Am Abend desselben Tages spricht er ein letztes Mal zu seiner Besatzung und schließt mit den Worten, er werde »der Welt die deutsche Ehre beweisen«. Dann zieht sich Langsdorff auf sein Zimmer im Hotel de Inmigrantes zurück. Dort findet ihn sein Adjutant am folgenden Morgen. Der leblose Kommandant des Panzerschiffs *Admiral Graf Spee* liegt ausgestreckt auf der Reichskriegsflagge, die Pistole in der rechten Hand. ■

ANDREAS MOLITOR *ist freier Journalist. Er lebt in Berlin*

**WEITERLESEN**
Hannes Götz: »Sie nannten ihn ›Graf Spee‹: Das Tagebuch von Hans Götz, Obermaat auf dem Panzerschiff Admiral Graf Spee« Biberacher Verlagsdruckerei, Biberach 2017

# FRITZ THYSSEN

»Ich bin gegen den Krieg«, telegrafiert der Industriebaron und Reichstagsabgeordnete Fritz Thyssen am 31. August 1939 von Bad Gastein an Parlamentspräsident Hermann Göring. Zur Sitzung des Reichstags am 1. September könne er nicht kommen. Stattdessen reist Thyssen mit der Familie in die Schweiz und bleibt dort. Hitler verkündet im Reichstag den Überfall auf Polen.

Seit dem Putschversuch von 1923 hatte Thyssen, Erbe des Stahlimperiums, die NSDAP mit großen Summen unterstützt. Er wollte, dass der »Führer« Monarchie und Ständestaat restauriert. Spät erkannte Thyssen, wie sehr er sich geirrt hatte: Mit Monarchie hatte Hitler nichts im Sinn, was Thyssen noch schweigend akzeptierte. Als der NS-Staat aber begann, die Macht der Kirchen zu beschneiden und Juden zu verfolgen, protestierte er. Bald musste er einsehen, dass auch die Aufrüstung nicht etwa der Absicherung der wirtschaftlichen Kraft Deutschlands diente, wie er geglaubt hatte, sondern dem Angriff auf die Nachbarn. Er entschloss sich zum Bruch.

Die NS-Führung reagiert unsentimental: Thyssen wird am 24. November 1939 in Abwesenheit aus der Partei ausgeschlossen, am 1. Dezember auch aus dem Reichstag. Am 11. Dezember ziehen die Behörden sein Vermögen ein. »Ihre neue Politik, Herr Hitler«, schreibt Thyssen am 28. Dezember in einem Brief, »stößt Deutschland in den Abgrund und das deutsche Volk in den Zusammenbruch. Drehen Sie die Maschine um, solange es noch Zeit ist!«

Thyssens Tochter ist schon in Südamerika, aber weil seine Mutter im Sterben liegt, bleibt er mit seiner Frau in Europa: erst in der Schweiz, dann in Südfrankreich. Ende 1940 lässt das Vichy-Regime sie verhaften und liefert sie aus. Thyssen und seine Frau werden in verschiedenen Konzentrationslagern festgehalten. Nach dem Krieg internieren ihn die Alliierten. 1948 wird er freigelassen. Er wandert mit seiner Frau nach Argentinien aus, wo er 1951 stirbt. **FLO**

# Es fehlten 13 Minuten

Georg Elser versucht im November 1939, Hitler zu töten. Jahrzehntelang kursieren Gerüchte über die Tat VON MARKUS FLOHR

Sollte das möglich sein? Ein Handwerker aus Schwaben, der eine Bombe baut und sie neben Hitlers Rednerpult zündet? Inmitten der Feier alter NSDAP-Kämpfer im Münchner Bürgerbräukeller? War der Tischler Georg Elser ohne ausländische Hilfe dazu in der Lage? Ganz allein?

Reichskriminaldirektor Arthur Nebe ist unsicher. Er hat Elser tagelang foltern lassen. Der sagt immer das Gleiche: Er sei es gewesen; er habe Hitler töten und den Krieg verhindern wollen. Kein Auftraggeber, keine Hintermänner. Am 15. November 1939 unterrichtet Nebe den Gestapo-Chef Heinrich Müller: Elser war es, allein.

Müller antwortet: »Und wer steckt dahinter?« Unter das Protokoll, das Nebe schreibt, kritzelt Heinrich Himmler: »Welcher Idiot hat den Bericht gemacht?« In der Welt der NS-Oberen kann es einen wie Georg Elser nicht geben. Noch anderthalb Jahre später, am 9. April 1941, notiert Joseph Goebbels: »Beim Führer [...]. Wir erzählen über Attentat Bürgerbräu. Hintermänner noch immer nicht gefunden. Attentäter schweigt.« Jene »Hintermänner« wurden nie gefunden, weil es sie nicht gab.

Die NS-Propaganda behauptete trotzdem hartnäckig, das Attentat sei vom britischen Geheimdienst geplant worden. In der Bevölkerung geht das Gerücht um, es sei eine Inszenierung der NS-Führung gewesen. Auch nach dem Krieg kursierten noch lange Zeit Gerüchte und Verleumdungen über Georg Elser. Bestenfalls war seine Tat vergessen, schlimmstenfalls wurde er als NS-Büttel denunziert. Sein Bruder Leonhard fasste es so zusammen: »Man gönnt ihm seine Tat nicht, dem kleinen Bauernbuben.«

**Den Entschluss, Hitler zu töten,** fällt Elser im Herbst 1938. Er arbeitet in der Armaturenfabrik Waldenmaier in Heidenheim und wohnt in einer Kammer im Haus seiner Eltern in Königsbronn. Nach der Schreinerlehre hatte er einige Jahre am Bodensee und in der Schweiz gelebt – wo er als Tischler und in verschiedenen Uhrenfabriken gearbeitet hat. Dort lernte er das Handwerk, das er brauchte, um eine Bombe mit Zeitzünder zu bauen.

Die braune Regierung lehnt Elser ab; den »deutschen Gruß« erwidert er nicht, und er verlässt den Raum, wenn eine Rede Hitlers übertragen wird. Elser widersteht dem propagandistischen Sog der Diktatur mit beeindruckender Nüchternheit; noch bei ihren Folterverhören im November 1939 wird er den NS-Funktionären vorrechnen, dass *sein* Leben sich seit *ihrer* Machtübernahme keinesfalls verbessert hat. Der Verdienst von Arbeitern wie ihm sei gesunken, die Abgaben seien gestiegen.

## Kurz vor dem Grenzzaun zur Schweiz wird Elser verhaftet

»Ferner steht die Arbeiterschaft seit der nationalen Revolution unter einem gewissen Zwang«, sagt Elser aus. »Der Arbeiter kann z. B. seinen Arbeitsplatz nicht mehr wechseln, wie er will, er ist heute durch die HJ nicht mehr Herr seiner Kinder, und auch in religiöser Hinsicht kann er sich nicht mehr so frei betätigen.«

Zur Tat schreitet Elser, als er 1938 Gefahr heraufziehen sieht: Im Armaturenwerk wird eine Abteilung für Rüstungsproduktion eingerichtet. Deutschland nutzt die Sudetenkrise, um die Tschechoslowakei zu zerschlagen. Einen Krieg will Elser auf jeden Fall verhindern. In einem Steinbruch lernt er, wie man Sprengladungen baut. Er lässt Dynamitplättchen und Sprengkapseln mitgehen und entwirft das Modell seiner »Höllenmaschine«, wie es in den Vernehmungsprotokollen heißt.

Elser geht nicht mehr zur Arbeit, er baut nur noch an der Bombe und plant die Tat: Er weiß, dass Hitler am 8. November 1939 in den Münchner Bürgerbräukeller kommen wird, um an den gescheiterten Putsch vom 9. November 1923 zu erinnern. An diesem Abend soll es passieren. Anfang August 1939 zieht Elser nach München. Er wohnt zur Untermiete und bastelt tagsüber an seinem Apparat. Abends geht er in den Bürgerbräukeller, versteckt sich und lässt sich einschließen. Auf der Galerie über dem Saal schabt er in einer Säule in mehr als 30 Nächten einen Hohlraum aus, in den die Bombe passt. Den Schutt sammelt er in einem Koffer, trägt ihn tagsüber hinaus und kippt ihn in die Isar.

Mehrmals wird er entdeckt, kann sich aber herausreden. In den letzten Tagen vor dem 8. November schläft er kaum. In der Nacht vom 2. auf den 3. November baut er den Sprengsatz ein. Damit man von außen das Ticken nicht hört, isoliert er die Sprengkammer mit Sperrholz und Kork. Vom 5. auf den 6. November stellt er die Uhrwerke scharf. Hält Hitler seine Rede wie üblich, wird die Säule mitten in der Ansprache zerbersten – um 21.20 Uhr, wenn nur NSDAP-Leute im Saal sind.

So geschieht es: Acht Menschen sterben durch die Bombe, über sechzig werden verletzt. Doch Adolf Hitler hat den Ort bereits 13 Minuten zuvor verlassen. Seine Rede endet früher als geplant, weil sein Flugzeug wegen Nebels nicht starten kann und er den Zug zurück nach Berlin nehmen muss. Um 21.07 Uhr ist er weg.

Georg Elser sitzt in diesem Moment auf einer Zollwache in Konstanz am Bodensee. Zwei Polizisten haben ihn am

**AUGE IN AUGE**
Für den Fotografen zeigt Georg Elser Ende November 1939 Reichskriminaldirektor Arthur Nebe, wo genau der Sprengsatz in der Säule steckte

Grenzzaun aufgegriffen. Sie finden bei ihm seltsame Dinge: unter anderem eine Postkarte vom Bürgerbräukeller und einen Zeitzünder. Elser hat die Sachen wohl dabei, um in der Schweiz beweisen zu können, dass er der Urheber des Attentats ist.

Die Gestapo verhaftet Elser und verhört ihn erst in Konstanz, dann vom 9. November an in München. Ebenfalls an diesem Tag gehen der deutschen Gegenspionage an der Grenze zu den Niederlanden zwei britische Agenten ins Netz. Der Fang wird als »Venlo-Zwischenfall« bekannt. Elser wird wieder und wieder nach seinen Verbindungen zu den Briten aus Venlo befragt. In der Nacht zum 11. November gesteht er schließlich die Tat von München; er beteuert aber, keine Verbindungen zum britischen Geheimdienst zu haben.

Am 12. November bringt man Elser nach Berlin, ins Geheime Staatspolizeiamt in der Prinz-Albrecht-Straße. Um zu beweisen, dass er die Bombe selbst konstruiert und eingebaut hat, zeichnet Elser ihren Bauplan auf und bastelt in der Haft sogar eine Kopie. Trotzdem behaupten die NS-Propagandisten, Elser sei ein Handlanger der Briten, als sie ihn der Öffentlichkeit präsentieren. Der *Völkische Beobachter* titelt am 22. November: »Der Attentäter gefaßt / Täter: Georg Elser – Auftraggeber: Britischer Geheimdienst«.

Elser wird Anfang 1941 als »Sonderhäftling« ins KZ Sachsenhausen nördlich von Berlin gebracht. Dort hält man ihn in Isolationshaft; er soll nach Kriegsende in einem Schauprozess abgeurteilt werden. Anfang 1945 kommt er nach Dachau und wird dort am 9. April 1945 ermordet.

**Die Wachleute der SS,** auch die in Venlo verhafteten Briten (die selbst im Lager saßen) und sogar der Pfarrer und Widerstandskämpfer Martin Niemöller verbreiteten später eigene Theorien, wer Elser beauftragt habe, die Bombe zu bauen. Die Geschichten sind grell, widersprüchlich – und frei erfunden. Um die Fortschreibung dieser Legenden kümmerten sich in der Nachkriegszeit auch namhafte Historiker. Erst Ende der Sechzigerjahre fand Lothar Gruchmann vom Münchner Institut für Zeitgeschichte die Gestapo-Protokolle der Elser-Verhöre – und brachte die Wahrheit zusammen mit Institutschef Anton Hoch 1969 an die Öffentlichkeit.

Heute erinnern zahlreiche Bücher, Filme und Denkmäler an Elser, aber er steht noch immer im Schatten anderer Widerstandskämpfer wie der Geschwister Scholl oder Graf Stauffenberg – was auch mit der Diskussion darüber zu tun haben mag, dass bei seinem Attentat Unbeteiligte starben. Vor allem aber blieb seine Attacke auf Hitler deswegen so lange im Zwielicht der Erinnerung, weil sie schwer einzuordnen ist und unangenehme Fragen aufwirft:

Wenn es einem einfachen Mann wie Elser möglich war, den verbrecherischen Charakter des Regimes so klar zu erkennen, und wenn einer wie er eine Bombe bauen konnte, die den »Führer« um ein Haar getötet hätte – wie glaubwürdig ist dann der Chor der allgemeinen Entschuldigung, man habe doch nichts gewusst, man habe ja nichts tun können? Der Mut und die Moral Georg Elsers werfen einen dunklen Schatten auf die Mehrheit der Deutschen in dieser Zeit. Auch darum wurden der Tischler und seine Tat so lange verleumdet und verschwiegen. ■

MARKUS FLOHR *ist Redakteur von ZEIT Geschichte*

# Umkämpfte Stadt

Nach 1918 wird Danzig vom Deutschen Reich getrennt. Nicht zufällig beginnt hier der Zweite Weltkrieg. Eine Spurensuche VON JUDITH SCHOLTER

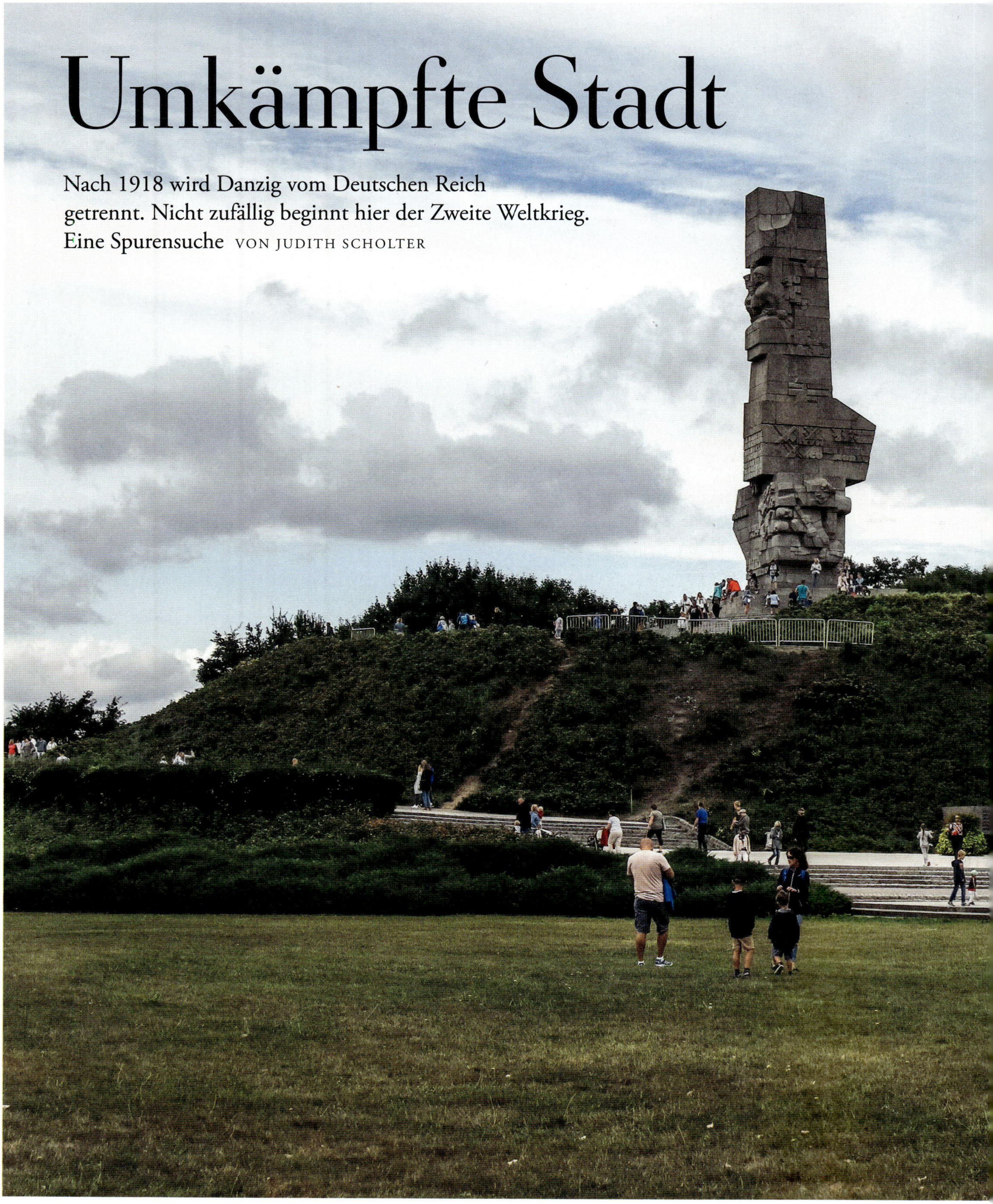

**MÄCHTIGE ERINNERUNG**
Das 1966 errichtete »Denkmal der Verteidiger der Küste« auf der Westerplatte ist den polnischen Soldaten gewidmet, die hier 1939 kämpften. Unten ist das Linienschiff »Schleswig-Holstein« zu sehen, das am 1. September auf die Halbinsel im Danziger Hafen feuerte

**ZÄHER WIDERSTAND**
Etwa 50 polnische Postbeamte verteidigen am 1. September 1939 ihre Dienststelle in Danzig. Sie sollen so lange durchhalten, bis die polnische Armee die Stadt erreicht. Auf sich allein gestellt, ergeben sie sich am Abend. Das Bild links zeigt die Post während der Kämpfe, rechts ist das Gebäude im heutigen Zustand zu sehen

Heute schweigt dieser Ort. Ein paar Gleise führen zur Westerplatte, auch eine Buslinie, aber das Gelände ist menschenleer. Das kleine Museum in der ehemaligen Wache Nr. 1 öffnet erst in ein paar Monaten, wenn wieder Touristen kommen; die Informationstafeln zwischen den Bäumen sind zugefroren und verbergen ihre Geschichten vor neugierigen Blicken. An das Grauen erinnert vor allem ein großer Schriftzug: *Nigdy więcej wojny* – »Nie wieder Krieg«. Wo an diesem kalten Januarmorgen Stille herrscht, begann vor 80 Jahren der Zweite Weltkrieg – »unüberhörbar mit den Breitseiten eines Linienschiffes und dem Anflug von Sturzkampfflugzeugen über dem Hafenvorort Neufahrwasser, dem als polnischer Militärstützpunkt die Westerplatte gegenüberlag«, wie sich der in Danzig geborene Günter Grass in seiner Autobiografie erinnerte. Wer den Hügel hinaufgeht zum 1966 errichteten monumentalen Mahnmal und den Blick nach Südosten wendet, den toten Arm der Weichsel entlang, der kann heute noch erahnen, von wo aus das Linienschiff *Schleswig-Holstein* am frühen Morgen des 1. September 1939 auf die Westerplatte feuerte.

Es ist kein Zufall, dass gerade diese Halbinsel zum Schauplatz der Weltgeschichte wurde. Auf der Westerplatte wird der komplizierte völkerrechtliche Status Danzigs nach dem Ersten Weltkrieg greifbar. Polen entsteht 1918 neu und soll einen freien Zugang zum Meer bekommen – und womöglich, so wird es auf der Pariser Friedenskonferenz diskutiert, sogar die gesamte Stadt Danzig. Die hatte im Laufe ihrer langen Geschichte mal zum Deutschen Orden und mal zum polnischen Königtum gehört. Doch seit der zweiten Teilung Polens 1793 ist die Stadt preußisch und hat ihr Selbstbewusstsein als eigenständige Regionalmacht gegen den deutschtümelnden Nationalismus des Kaiserreichs eingetauscht.

Der Kompromiss, auf den sich die Unterhändler 1919 schließlich einigen, sieht vor, die Stadt und ihre direkte Umgebung, etwa 1500 Quadratkilometer mit 366.000 Einwohnern, vom Reich zu trennen und unter den Schutz des Völkerbunds zu stellen. Danzig gibt sich als Freie Stadt eine eigene Verfassung, bekommt eine eigene Regierung und eine eigene Währung. Außenpolitisch aber wird es von Polen vertreten, das über den Hafen Waren einführen darf und Post- und Telefonverbindungen zwischen Hafen und Binnenland einrichtet. Auch lebt in Danzig eine polnische Minderheit, 1923 etwa 13.000 Menschen, die sich in eigenen Vereinen organisiert, eine Zeitung herausgibt und mit einer eigenen Partei an den Wahlen teilnimmt.

Konflikte zwischen Danzig und Polen sind abzusehen und werden nun vor dem Völkerbund ausgetragen. Einer der ersten betrifft die Westerplatte. 1920 hatten sich deutsche Hafenarbeiter geweigert, einen wichtigen Transport mit Munition für die polnische Armee, die gerade einen Krieg mit Sowjetrussland führte, zu löschen. Fünf Jahre später entscheidet der Völkerbund, dass Polen auf der Westerplatte ein eigenes Munitionslager anlegen, befestigen und bewachen lassen darf. Genau dieses Lager ist 1939 das Ziel des ersten deutschen Angriffs.

**Zu diesem Zeitpunkt regiert die NSDAP** in Danzig bereits seit sechs Jahren. Die Gleichschaltung dauert allerdings etwas länger als im Reich. 1937 wird mit dem Zentrum auch die letzte Oppositionspartei verboten. Die Anfeindungen dieser Jahre gegen Danzigs Juden kann erahnen, wer mit Oskar Matzerath und der *Blechtrommel* durch die Stadt streift: »Es war einmal ein Spielzeughändler, der hieß Sigismund Markus und verkaufte unter anderem auch weißrot gelackte Blechtrommeln. [...] Sie, dieselben Feuerwerker, denen ich, Oskar, davongelaufen zu sein glaubte, hatten schon vor mir den Markus besucht, hatten Pinsel in Farbe getaucht und ihm quer übers Schaufenster in Sütterlinschrift das Wort Judensau geschrieben«. Die Jüdische Gemeinde beschließt nach dem Novemberpogrom 1938 ihre eigene Auflösung und verkauft die prächtige Große Synagoge in der Innenstadt an den Senat, der sie im Mai 1939 abreißen lässt. Wo sie einst stand, erhebt sich heute das Shakespeare-Theater.

Immer unverhohlener fordert Hitler in diesem Jahr die Rückkehr Danzigs ins Reich – Polen kann das nicht akzeptieren. Am 23. August 1939 ernennt sich der Danziger Gauleiter Albert

Forster zum Staatsoberhaupt, am 25. August läuft die *Schleswig-Holstein* in den Hafen ein, angeblich für einen Freundschaftsbesuch. Heimlich an Bord ist auch ein Stoßtrupp von 300 Mann, der die Westerplatte einnehmen soll. Am 30. August ordnet Polen die Generalmobilmachung an. Die Tochter einer polnischen Familie aus Danzig erinnert sich 1995 im Gespräch mit dem Autor Dieter Schenk an die angespannte Stimmung im Sommer 1939, in dem sie acht Jahre alt war: »Meine Eltern führen seit längerem ernste und geheimnisvolle Gespräche. Sie entscheiden, daß meine Mutter mit den beiden Kindern zu ihren Eltern nach Karthaus fahren soll. [...] Es wird gepackt. Nur das Notwendigste: Wäsche, ein paar Kleidungsstücke, Schuhe, auch warme Bekleidung, denn es besteht keine Sicherheit, daß wir wieder zurückkommen.«

Stefania Koziarowska, die hier spricht, ist die Tochter von Maksymilian Cygalski, einem Beamten der Polnischen Post in Danzig. Das Polnische Postamt Nr. 1, in der Altstadt am Heveliusplatz gelegen, wird neben der Westerplatte zum zweiten entscheidenden Schauplatz der Ereignisse am 1. September 1939. Denn sowohl die Post als auch die Westerplatte sind der deutschen Mehrheit der Bevölkerung ein Dorn im Auge und stehen für die Hindernisse auf dem Weg zur »Heimkehr« ins Reich.

Um 4.50 Uhr am 1. September 1939 meldet Henryk Sucharski, der Kommandant der Mannschaft auf der Westerplatte, die Polen wohlweislich von 88 auf mehr als 200 Mann verstärkt hat, an die polnische Kriegsmarine im benachbarten Gdynia: »Um 4 Uhr 45 hat der Panzerkreuzer ›Schleswig-Holstein‹ das Feuer gegen die Westerplatte aus allen Rohren eröffnet. Die Beschießung dauert an.« Etwa eine Stunde nach den ersten Schüssen im Hafen greifen deutsche Polizeieinheiten auch die Polnische Post an. Im Gebäude befinden sich fast 60 Menschen, darunter Maksymilian Cygalski. Doch die deutschen Angreifer haben wohl weder auf der Westerplatte noch in der Polnischen Post mit so großem Widerstand gerechnet.

Die deutsche Seekriegsleitung muss Angriff um Angriff in ihrem Tagebuch am 1. September als »misslungen« oder »missglückt« bezeichnen. Am Ende dauert der Kampf sieben Tage und wird auf deutscher Seite auch mit Sturzkampfbombern, einem Torpedoboot, einem Zerstörer, einem Minenwerfer, schweren Feldhaubitzen und zusätzlichen Kräften der SS geführt.

Die Beamten der Post überstehen den Beschuss einer Feldhaubitze und eine Sprengladung, die im Keller des Gebäudes gezündet wird. Sie ergeben sich zwar noch am Abend des 1. September, aber erst nachdem auf Befehl des Kommandeurs der Danziger Schutzpolizei Benzin in den Keller des Gebäudes gepumpt und mit einer Handgranate angezündet worden ist. Fünf Menschen sterben direkt an ihren schweren Brandverletzungen, sechs wenig später im Krankenhaus. Die beiden Verteidiger, die schließlich als Erste aus dem Gebäude treten und sich ergeben, werden erschossen. Die meisten anderen werden kurz darauf rechtswidrig von einem Militärgericht, das für sie gar nicht zuständig ist, zum Tode verurteilt und ebenfalls ermordet. Die Urteile werden erst 1998 vom Landgericht Lübeck aufgehoben und die Opfer rehabilitiert. Der Ankläger und der Richter, die das Verfahren 1939 führten, sind da längst tot. Sie haben zuvor glänzende Karrieren in der bundesdeutschen Justiz gemacht.

Praktisch mit dem Beginn des Angriffs verkündet Gauleiter Forster im Radio die Aufhebung der Verfassung. Auch das NSDAP-Parteiblatt *Danziger Vorposten* titelt, ohne die Ereignisse abzuwarten, schon am Morgen: »Die Freie Stadt Danzig ab heute Teil des Reichs«. Danzig gehört am 1. September 1939 wieder zu Deutschland. Frei ist die Stadt da schon lange nicht mehr.

**Noch während des Krieges** wird aus den Ereignissen ein Heldenmythos gewoben. Die Geschichte von einigen wenigen Polen, die sich gegen die deutsche Übermacht verteidigen, beflügelt den Nationalstolz bis heute. »Jeder Pole kennt die Geschichte vom Beginn des Weltkriegs«, sagt der Danziger Historiker Jan Daniluk und kritisiert zugleich, dass es wie bei vielen historischen Themen mehr um Emotionen gehe als um Fakten. Im Museum des Zweiten Weltkriegs in Danzig, das vor zwei Jahren eröffnet wurde und seitdem im Zentrum einer erbitterten Auseinandersetzung über den richtigen Umgang mit der polnischen Geschichte steht, lässt

sich erahnen, was das bald für die Westerplatte bedeuten könnte. Auf Bildschirmen ist da eine Animation zu sehen, die Besuchern verspricht: »Lauschen Sie dem Wind der Westerplatte, und Sie werden die Echos der Explosionen hören und die Rufe der Soldaten.« Die Befestigungsanlagen könnten wieder aufgebaut werden, die Westerplatte könnte zu einer Art begehbarer Geschichtskulisse werden – und, so befürchten Kritiker, womöglich ihre Authentizität verlieren.

Keine zwei Minuten vom Museum des Zweiten Weltkriegs entfernt steht die ehemalige Polnische Post, heute ebenfalls ein Museum. Was nach dem Kampf 1939 geschah, das hat den Deutschen 20 Jahre später Oskar Matzerath in der *Blechtrommel* mitgeteilt: Die Männer mit den erhobenen Armen und den verschränkten Händen im Nacken, »die brachte man, nachdem die Wochenschau ihre Aufnahmen gemacht hatte, zuerst in die ausgeräumte Viktoriaschule, dann nahm sie das Gefängnis Schießstange auf und schließlich, Anfang Oktober, der lockere Sand hinter der Mauer des verfallenen, ausgedienten Friedhofes Saspe«.

Eine halbe Stunde mit der Straßenbahn vom Stadtzentrum entfernt, zu drei Seiten umschlossen von hohen Wohnhäusern, liegt der Friedhof. Im 19. Jahrhundert war er bestimmt für die Armen, die Selbstmörder und diejenigen, die sonst auf keinem Friedhof Platz fanden. Heute ehrt er die Opfer des Nationalsozialismus, stehen die Namen der Toten des KZs Stutthof auf schweren Betonblöcken, heute liegen hier auch die Verteidiger der Polnischen Post, deren sterbliche Überreste man erst 1991 bei Bauarbeiten in einem Massengrab in der Nähe fand. Aus dem deutschen Namen »Saspe« wurde nach dem Krieg schlicht »Zaspa«.

**Im März 1945 geht Danzig** in Flammen auf. Die *Blechtrommel* weiß davon zu berichten: »Es brannten die Häkergasse, Langgasse, Breitgasse, Große und Kleine Wollwebergasse, es brannten die Tobiasgasse, Hundegasse, der Altstädtische Graben, Vorstädtische Graben, die Wälle brannten und die Lange Brücke. Das Krantor war aus Holz und brannte besonders schön. In der Kleinen Hosennähergasse ließ sich das Feuer für mehrere auffallend grelle Hosen Maß nehmen. Die Marienkirche brannte von innen nach außen und zeigte Festbeleuchtung durch Spitzbogenfenster.«

Doch ebenso sehr wie für ein Ende steht 1945 für einen Anfang. In diesem Jahr wird Danzig als Gdańsk neues Leben geschenkt. Die Architektin Anita Jaśkiewicz-Sojak von der Technischen Universität führt bei Eiseskälte über die Długa, die ehemalige Langgasse, und erzählt, wie nach dem Krieg der Beschluss gefasst wird, Gdańsk nicht etwa vollständig zu planieren, sondern historisierend neu zu erschaffen. Sie hat Stadtpläne mitgebracht, die fein säuberlich verzeichnen, welche Häuser wie stark zerstört waren, insgesamt lagen 90 Prozent der historischen Innenstadt in Trümmern. Doch aus ihnen erwächst nach 1945 etwas Neues. Die Stadtplaner suchen frühneuzeitliche Stiche und Gemälde, also aus der Zeit, in der Danzig dem polnischen König unterstand. Die damaligen Fassaden, möglichst ohne Einflüsse aus der preußisch-deutschen Ära, werden in jahrelanger Arbeit wieder hochgezogen, dahinter entstehen standardisierte Wohnblocks. Wenn man so will, wird den neuen Bewohnern Gdańsks, die ja ihrerseits aus dem ehemaligen polnischen Osten vertrieben wurden, eine vollständig polonisierte Geschichte der Stadt erzählt, die es ihnen ermöglichen soll, sich mit der neuen Heimat zu identifizieren. Gdańsk wird zu einem Vorzeigeprojekt des Nation-Buildings unter sozialistischen Vorzeichen.

Zwischen der historisch anmutenden Pracht fallen die paar Gebäude in Stalinbarock kaum auf, die sich dazwischengeschmuggelt haben. Gerade um die Zeichen der kommunistischen Geschichte Gdańsks macht sich Anita Jaśkiewicz-Sojak allerdings Sorgen. Vor einigen Jahren wurde das Neptun-Kino in der Długa geschlossen und in dem Haus ein Hilton-Hotel eröffnet. Ein großes Mosaik aus der kommunistischen Zeit wurde entfernt. »Es gibt in Gdańsk kein Bewusstsein dafür, dass auch die Häuser der Sechziger- und Siebzigerjahre zu unserer Geschichte gehören und Schutz verdienen«, sagt Jaśkiewicz-Sojak.

Der Danziger Günter Grass dreht 1975 für den NDR einen Film über den polnischen Wiederaufbau seiner Geburtsstadt, besucht Menschen, die hinter den Fassaden wohnen, spricht mit

**LETZTE RUHESTÄTTE**
Nach den Kämpfen werden die Verteidiger der Post in die Gestapo-Sammelstelle in der ehemaligen Viktoriaschule gebracht und später hingerichtet. 1991 entdecken Bauarbeiter das Massengrab. Die sterblichen Überreste werden auf einem Friedhof im Vorort Zaspa beigesetzt, wo auch Opfer aus dem KZ Stutthof begraben liegen

Arbeitern, die Gdańsk haben wiedererstehen lassen. Schon 1958 ist er wieder hierher gereist: Er recherchiert für die *Blechtrommel*, deren Rechte an der polnischen Übersetzung er, ungewöhnlich, nicht an seinen Verlag abtritt, sondern selbst behält. Grass hegt seit Beginn der Siebzigerjahre Sympathien für die polnische Opposition, aus der im Jahr 1980 die Gewerkschaft Solidarność hervorgeht – und er zeigt das, indem er 1979 der Veröffentlichung der *Blechtrommel* in einem Untergrundverlag zustimmt. »Ich fühle mit dieser Stadt und mit allem, was hier geschieht. Ich war stolz auf den Kampf der polnischen Arbeiter in Gdańsk 1970. Und darauf, daß im August 1980 alles ohne Kampf und Waffen geschah«, gibt er 1981 zu Protokoll.

Grass und Gdańsk, das ist wohl von beiden Seiten die Geschichte einer Entdeckung. Die *Blechtrommel* erzählt den Polen und den neuen Bewohnern der Stadt von der Vorkriegsgeschichte, davon, dass Danzig nicht nur ein deutsches Provinznest mit reichen Bürgern war, sondern dass hier auch kleine Leute lebten, die eng mit der Region verbunden waren und bei denen nicht immer ganz klar war, wo eigentlich das Deutsche aufhört und wo das Polnische anfängt. Grass selbst hatte einen nahen Verwandten, einen Cousin seiner Mutter, der zu den Verteidigern der Polnischen Post gehörte und ermordet wurde.

Was beinahe zehn Jahre zuvor auf der Lenin-Werft in Gdańsk begann, vollendet sich 1989. Die Stadt und ihre Bewohner schreiben wieder einmal Geschichte – und erkämpfen sich die Freiheit zurück. Nach der politischen Wende setzt ein regelrechter Geschichtsboom ein. Der in Gdańsk geborene ehemalige polnische Ministerpräsident und studierte Historiker Donald Tusk gibt mit Mitstreitern eine Reihe von Bildbänden heraus, die Fotografien aus dem 19. Jahrhundert zeigen, aus der Zeit, über die im Kommunismus nicht gesprochen werden durfte. Spuren des alten Danzigs werden nun freigelegt, nicht ohne dass dabei kritische Stimmen laut werden. Auch der Historiker Jan Daniluk forscht damals als Jugendlicher mit Freunden nach den alten Straßennamen seiner Stadt. Ihre Familien kamen von überallher, aber sie selbst sind in Gdańsk geboren und wollten wissen, wo sie eigentlich leben. Heute, so erzählt er, habe dieses Interesse an der Geschichte der eigenen Stadt bei manchen zu einer Überidentifikation geführt. »Es gibt Leute, die kleben sich die Buchstaben DA für Danzig auf ihr Auto. Es ist dann nur ein schmaler Grat bis zur Aussage ›Wir sind etwas Besonderes. Hier war mal die Freie Stadt Danzig, und eigentlich sind wir immer noch anders als der Rest von Polen‹.«

**Michał Rucki empfängt eine Schulklasse.** Er ist stellvertretender Vorsitzender der Jüdischen Gemeinde von Gdańsk und erzählt den Kindern vom Judentum. Besonders interessiert sind seine Besucher an den Speisevorschriften: »Ist Cola koscher?«, fragen sie, weil auf dem Tisch eine Flasche mit dem Softdrink steht. Die Synagoge im ehemaligen Stadtteil Langfuhr wurde im November 1938 überfallen, 1939 musste sie an eine Tischlerei verkauft werden.

Im Gespräch erzählt Michał Rucki, dass die Synagoge nach dem Krieg als Musikschule diente. Überhaupt habe es im Kommunismus wenig Platz für Religion gegeben. Es waren zwar überlebende jüdische Familien aus dem ehemaligen polnischen Osten nach Gdańsk gekommen, »aber ihre Wurzeln haben sie versteckt«. Auch er selbst machte sich erst nach 1989 mit ein paar anderen auf die Suche: »Wir haben gemeinsam ein Haus gemietet, wollten uns treffen und herausfinden, wie wir hier wieder jüdisches Leben aufbauen konnten.« Zuerst durften sie einen kleinen Raum im Hof der Synagoge nutzen, vor zehn Jahren bekam die Gemeinde ihr Gotteshaus dann endlich zurück. Sie sieht allerdings etwas anders aus als vor dem Krieg: In den ehemals großen Innenraum hat die Musikschule eine Zwischendecke eingezogen. Vor dem Gebetsraum erinnert inzwischen eine kleine Ausstellung an das jüdische Leben in Danzig vor dem Krieg.

Die Gemeinde in Gdańsk hat heute 75 Mitglieder. Jede Woche feiert sie hier den Sabbat. Sie vernetzt sich mit anderen Minderheiten, mit Ukrainern, mit Muslimen. Der Stadtteil Langfuhr heißt heute Wrzeszcz. Seine Synagoge steht unter Denkmalschutz. Auch ihr wurde neues Leben geschenkt. ■

JUDITH SCHOLTER *ist Redakteurin von ZEIT Geschichte*

# »Wir brauchen keine Geschichtsklitterung«

Paweł Machcewicz, der geschasste Direktor des Weltkriegs-Museums in Danzig, über Erinnerungspolitik in Polen unter der PiS-Regierung

**ZEIT Geschichte:** Herr Machcewicz, wann haben Sie das Museum des Zweiten Weltkriegs in Danzig zuletzt besucht?
**Paweł Machcewicz:** Im November 2017. Ich war damals am Wissenschaftskolleg in Berlin, und einige Kollegen baten mich, ihnen das Haus zu zeigen. Ohne diese Ermutigung wäre ich wohl nicht zurückgekehrt. Die Situation um das Museum war sehr angespannt, und für mich war der Schritt zurück nach allem, was passiert ist, nicht einfach.
**ZEIT Geschichte:** Sie wurden im April 2017 als Direktor des Hauses abgesetzt. Um das zu erreichen, hatte der neue polnische Kulturminister von der Partei »Recht und Gerechtigkeit« (PiS) sogar ein neues Museum in Danzig gegründet.
**Machcewicz:** Es ist eine bizarre Geschichte. Das neue Museum sollte der Westerplatte gewidmet sein, der Halbinsel in der Danziger Bucht, auf der am 1. September 1939 die ersten Schüsse des Zweiten Weltkriegs fielen. Aber es war eine fiktive Einrichtung, ohne Adresse, ohne Angestellte, ohne Programm. Die Entscheidung des Kulturministers im Jahr 2016 lautete, dass das Museum des Zweiten Weltkriegs und dieses Westerplatte-Museum verschmolzen werden sollten. Unser Museum sollte einfach aufhören zu existieren. Sie müssen wissen, dass wir uns damals noch im Bau befanden, die Ausstellung war noch nicht installiert. Man wollte uns geräuschlos beerdigen.
**ZEIT Geschichte:** Warum kam es anders?
**Machcewicz:** Es stellte sich heraus, dass das polnische Recht bei einer solchen Entscheidung drei Monate Übergangszeit vorsieht. Das war enorm wichtig für uns, wir konnten den Bau beschleunigen und die öffentliche Meinung mobilisieren. Wir haben außerdem Klage eingereicht, was uns weitere wertvolle Zeit brachte. Am 23. März 2017 konnten wir das Museum eröffnen. Zwei Wochen später wurde es formal liquidiert und unter demselben Namen neu gegründet. Meine Amtszeit war mit diesem rechtlichen Trick beendet.
**ZEIT Geschichte:** Warum wollte die PiS Sie unbedingt loswerden?
**Machcewicz:** Der Vorwurf lautete, dass das Museum nicht polnisch genug sei. Von Beginn an, also seitdem wir unser Konzept 2008 vorgestellt hatten, wurden wir beschuldigt, Marionetten Berlins und Brüssels zu sein. Ich war kein Neuling auf dem Feld der Geschichtspolitik, hatte die Bildungsabteilung am Institut für Nationales Gedenken geleitet und mich in die Kontroversen um Jedwabne eingemischt, wo die polnische Bevölkerung 1941, aufgehetzt von Deutschen, ein Pogrom an Juden verübt hatte. Mir war schon klar, was öffentliche Geschichte ist und welche Auseinandersetzungen sie provozieren kann. Die Schärfe der Kritik an unserem Museum aber hatte ich nicht erwartet. Es gab eine regelrechte Kampagne gegen mich. Ich wurde vor den Kulturausschuss des Parlaments geladen, dort inszenierten PiS-Abgeordnete eine Art Tribunal. Es läuft ein strafrechtliches Verfahren. Für mich ist das ein Zeichen, wie radikal der Bruch ist, der durch die polnische Gesellschaft geht.
**ZEIT Geschichte:** Wie wurde der Vorwurf, Sie seien eine Marionette Brüssels oder Berlins, begründet?
**Machcewicz:** Wir haben mit dem Museum zwei Strategien verfolgt, die bei der neuen Regierung sofort auf Widerstand stießen. Zum einen wollten wir die Besonderheiten des Krieges in Polen und Osteuropa, die den Hauptstrang der Erzählung des Museums bilden, im Vergleich mit anderen Kriegsschauplätzen dar-

**PAWEŁ MACHCEWICZ**
Der ehemalige Direktor des Museums des Zweiten Weltkriegs ist heute Fellow am Imre Kertész Kolleg für Osteuropäische Geschichte des 20. Jahrhunderts an der Universität Jena

**PROTEST**
Am 5. April 2017 versammeln sich Demonstranten vor dem Museum des Zweiten Weltkriegs in Danzig und fordern dessen Unabhängigkeit. Die Aufschrift eines Plakats lautet: »Vereinigt keine Museen! Gründet eigene!«

stellen. Nur so können die Besucher Gemeinsamkeiten und Unterschiede erkennen. Denn außerhalb Osteuropas ist immer noch wenig im Bewusstsein, wie brutal das deutsche Besatzungsregime in Polen war, wie Deutschland und die Sowjetunion in der ersten Phase des Krieges kooperierten und dass die sowjetische Aggression mit einer Besetzung Ostpolens und weiterer Teile Osteuropas einherging. Wenig in den Köpfen ist auch, dass das Kriegsende 1945 für Polen und Osteuropa etwas vollkommen anderes bedeutete als Befreiung und Rekonstruktion der Demokratie wie in Frankreich, Belgien oder den Niederlanden. Es stand für eine erneute Unterwerfung, diesmal unter sowjetische Fremdherrschaft.

**ZEIT Geschichte:** Was gefällt Ihren Kritikern an diesem Ansatz nicht?

**Machcewicz:** Der Hauptvorwurf lautet, wir würden die Einzigartigkeit der polnischen Erfahrung negieren, da wir sie zusammen mit der Geschichte anderer Nationen präsentieren. Auch dass wir ein Museum über den Krieg geschaffen haben, aber kein Militärmuseum, stand von Beginn an in der Kritik. Unser Schwerpunkt lag auf der Frage, was der Krieg für die Zivilbevölkerung bedeutete. Die Besonderheit dieses Krieges war nämlich, dass er vor allem Zivilisten traf, insbesondere in Polen: Unter den 5,5 Millionen Toten waren nur 300.000 Soldaten. Es lag auf der Hand, den zivilen Opfern Respekt zu zollen, ihre Geschichte, ihre Erfahrungen zu zeigen. Das mag für Anhänger einer traditionellen militärhistorischen Erzählung vielleicht nicht sofort verständlich sein, aber ich finde es immer noch empörend, mich zu beschuldigen, ein antipolnisches Museum geschaffen zu haben.

**ZEIT Geschichte:** Ihre Nachfolger haben inzwischen Änderungen an der Ausstellung vorgenommen. Unter anderem wurde der Film am Ende des Rundgangs ausgetauscht. Er zeigt nun nicht mehr aktuelle Bilder etwa aus Syrien und der Ukraine, sondern polnische Soldaten im Zweiten Weltkrieg im Stil eines Action-Streifens.

**Machcewicz:** Das ist bezeichnend. Unser Film sollte die Besucher daran erinnern, dass Kriege und Gewalt auch Teil unserer heutigen Realität sind. Der neue Film erzählt allein vom damaligen Polen, das von den Alliierten betrogen wurde, dann fast im Alleingang den Krieg gewann und schließlich 1989 auch noch die Sowjetunion in die Knie zwang.

**ZEIT Geschichte:** Ist der letzte Punkt ganz falsch?

**Machcewicz:** Er ist, um es milde auszudrücken, eine Übertreibung, die unseren Nationalstolz stärken soll – allerdings auf Kosten der historischen Realität. Der Film verfolgt einen militaristischen und nationalistischen Zugang zum Thema. Er ist außerdem sehr maskulin und verherrlicht den Krieg als glorreiches Abenteuer mutiger polnischer Soldaten.

**ZEITREISE IM MUSEUM**
Nachbildung einer Warschauer Straße, wie sie vor dem Zweiten Weltkrieg ausgesehen haben könnte

**ZEIT Geschichte:** Menschen wie der Priester Maximilian Kolbe, der in Auschwitz starb und 1982 heiliggesprochen wurde, scheinen für die neue Museumsleitung wichtig zu sein. Kolbe wurde neu in die Ausstellung eingefügt. Warum kam er bei Ihnen nicht vor?
**Machcewicz:** Eine Ausstellung ist niemals eine Enzyklopädie. Wir haben Kolbe nicht gezeigt, aber andere katholische Priester, die verhaftet und von den Deutschen getötet wurden. Es hatte also nichts mit einer antikatholischen Orientierung zu tun, die mir vorgeworfen wird, sondern es war eine bewusste Entscheidung, eher unbekanntere Menschen zu zeigen. Die Hinzufügung Kolbes ist aber typisch für das, was nach meiner Absetzung im Museum geschieht: Einerseits werden Teile der Ausstellung entfernt, die als zu international angesehen werden. Andererseits werden Ergänzungen zur polnischen Geschichte vorgenommen – vor allem über katholische Priester und Polen, die Juden halfen.
**ZEIT Geschichte:** Was haben Sie gegen polnische Helden?
**Machcewicz:** Ich habe gar nichts gegen polnische Helden, sie spielten in meiner Ausstellung eine ebenso zentrale Rolle wie in meinen Büchern. Aber ich habe etwas gegen Propaganda. Selbstverständlich kamen Polen, die Juden unterstützten, in der Originalausstellung vor. Aber nun wird das Thema durch ein großes Foto einer Familie, die im Süden Polens Juden gerettet hat, in einer historisch unzulässigen Weise betont. Die Familie wurde denunziert und von den Deutschen hingerichtet. Der Text zu dem Bild aber legt nahe, dass polnische Bürger mehr als 100.000 Juden gerettet haben könnten. Das ist für mich eine Manipulation, denn es haben überhaupt höchstens 50.000 Juden die deutsche Besatzung in Polen überlebt. Wir brauchen keine Geschichtsklitterung, um auf unser Schicksal im Krieg aufmerksam zu machen.

**»Ich möchte Respekt für unsere Sicht auf die Geschichte«**

**ZEIT Geschichte:** Welche Absicht vermuten Sie hinter solchen Veränderungen?
**Machcewicz:** Es geht darum, die Erinnerung etwa an das Pogrom in Jedwabne, an polnischen Antisemitismus, zu unterdrücken, indem man die Hilfsbereitschaft übermäßig stark betont.
**ZEIT Geschichte:** Wie hat sich die Erinnerung an den Zweiten Weltkrieg seit dem Ende des Kommunismus verändert?
**Machcewicz:** Vor 1989 stand die deutsche Besatzung im Mittelpunkt der Erinnerung. Danach verlagerte sich der Fokus in der Forschung und in den öffentlichen Debatten radikal auf die sowjetischen Verbrechen. Jetzt ging es um Katyn, wo 1940 mehr als 4000 polnische Offiziere vom sowjetischen NKWD ermordet worden waren. Und es ging um den sowjetischen Angriff auf Polen, um die Deportation polnischer Staatsbürger nach Sibirien. Darum war auch der Schock so groß, als die Deutschen nach der Jahrtausendwende wieder anfingen, sich vor allem als Opfer des Krieges zu sehen, und mit der deutschen CDU-Politikerin Erika Steinbach die Debatte um die Vertreibung von Deutschen wieder auflebte.
**ZEIT Geschichte:** Eines der großen Themen im Erinnerungskanon sind momentan die »verfemten Soldaten«: Partisanen, die bis in die Fünfzigerjahre hinein den Kommunismus bekämpften.
**Machcewicz:** Die »verfemten Soldaten« stehen für eine radikale und anarchische Tradition in der polnischen Geschichte. Als sich der polnische Untergrundstaat 1945 selbst auflöste, appellierte er an die Polen, ohne Waffen weiterzukämpfen, weil der bewaffnete Kampf zu noch mehr Blutvergießen führen würde. Auch die Exilregierung argumentierte so. Was diese Partisanen taten, war also gegen jede staatliche Weisung.
**ZEIT Geschichte:** Warum sind sie für die Regierung dann so wichtig?
**Machcewicz:** Die Geschichtspolitik ist einer der ideologischen Pfeiler der PiS und Teil der Strategie, die eigenen Wähler durch eine radikale und gegen den politischen Gegner gerichtete Sprache an sich zu binden. Wenn man sich als revolutionär versteht und das System sowie jeden politischen Kompromiss ablehnt, gibt es keine besseren Vorbilder als die »verfemten Soldaten«.
**ZEIT Geschichte:** Vor zehn Jahren gedachten auf der Westerplatte Donald Tusk, Wladimir Putin und Angela Merkel gemeinsam des Kriegsbeginns vor 70 Jahren. Wie wird man sich in diesem Jahr an den 1. September 1939 erinnern?
**Machcewicz:** Eine Gedenkfeier wie vor zehn Jahren ist heute nicht mehr möglich, da die Regierung eine so starke antideutsche und antieuropäische Stimmung schürt. Wen könnte sie denn noch einladen? Es wird vermutlich eine polnische Feier geben, die im Ausland kaum wahrgenommen werden wird.
**ZEIT Geschichte:** Was wünschen Sie sich für die Zukunft?
**Machcewicz:** In Warschau gibt es das Museum des Warschauer Aufstandes, das 2004 unter Lech Kaczyński als Oberbürgermeister gegründet wurde. Es wurde wegen seiner einseitigen Darstellung kritisiert, da es etwa die Diskussion außer Acht ließ, ob die Entscheidung zum Aufstand angesichts der enormen menschlichen und materiellen Verluste klug war. Aber niemand hat das Museum infrage gestellt, als die PiS 2007 die Macht verlor. Ich möchte, dass dasselbe für uns gilt. In jeder Gesellschaft gibt es unterschiedliche Sichtweisen auf die Geschichte, und als Demokraten sollten wir in der Lage sein, uns gegenseitig zu respektieren. Polen verdient unterschiedliche Museen. ■

*Das Gespräch führte* JUDITH SCHOLTER

# CHRONIK 1939

**20. Januar**
Reichsbankpräsident Hjalmar Schacht, ein Kritiker der finanziell ruinösen Rüstungspolitik, wird entlassen

**30. Januar**
In einer Rede vor dem Reichstag kündigt Hitler für den Fall eines Weltkriegs die »Vernichtung der jüdischen Rasse in Europa« an

**11. Februar**
Auf Weisung Hermann Görings wird in Berlin die Reichszentrale für jüdische Auswanderung eingerichtet, um die Juden aus Deutschland zu drängen

**24. Februar**
Ungarn tritt dem Antikominternpakt Deutschlands, Italiens und Japans bei

**14. März**
Auf Druck des Deutschen Reiches erklärt die Slowakei ihre Unabhängigkeit und den Austritt aus dem tschechoslowakischen Staatsverband

**15. März**
Die Wehrmacht marschiert in Prag ein. Zuvor hat sich der tschechoslowakische Präsident Emil Hácha deutschen Drohungen gebeugt und der Besetzung der »Rest-Tschechei« zugestimmt. Am nächsten Tag wird das Land als »Reichsprotektorat Böhmen und Mähren« dem Deutschen Reich einverleibt

**17. März**
Der britische Premierminister Neville Chamberlain reagiert auf die Zerschlagung der »Rest-Tschechei« und verkündet das Ende seiner Appeasement-Politik gegenüber Hitler

**21. März**
Deutschland fordert von Polen die Rückkehr der Freien Stadt Danzig ins Reich und eine exterritoriale Verbindung nach Ostpreußen

**22. März**
Polen reagiert auf den Einmarsch der Wehrmacht in Prag und ordnet eine Teilmobilmachung seiner Streitkräfte an. Wenige Tage darauf erteilt die polnische Regierung den deutschen Gebietsforderungen eine Absage

**22./23. März**
Die Wehrmacht rückt ins Memelland ein, nachdem Litauen sich zur Rückgabe des Gebietes verpflichtet hat. Das Memelland war durch den Versailler Vertrag von Ostpreußen abgetrennt worden und stand seit 1923 unter litauischer Verwaltung

**31. März**
Premier Chamberlain gibt im Namen der britischen und der französischen Regierung eine Garantieerklärung für die Unabhängigkeit Polens ab

**1. April**
Diktator Francisco Franco erklärt den Spanischen Bürgerkrieg für beendet. Kurz zuvor sind seine Truppen kampflos in Madrid eingezogen

**7. April**
Italienische Truppen greifen Albanien an und besetzen das Land

**11. April**
Hitler weist die Wehrmachtführung an, einen Angriffskrieg gegen Polen vorzubereiten (»Fall Weiß«). Am 1. September soll die Armee einsatzbereit sein

**14. April**
Der amerikanische Präsident Franklin D. Roosevelt fordert von Deutschland und Italien Nichtangriffsgarantien für 31 Staaten. Hitler und Mussolini lehnen ab

**26. April**
Großbritannien führt die allgemeine Wehrpflicht ein

**28. April**
Deutschland kündigt den Nichtangriffspakt mit Polen von 1934 und das Flottenabkommen mit Großbritannien von 1935

**19. Mai**
Polen und Frankreich handeln ein Militärabkommen aus. Für den Fall eines deutschen Angriffs auf Polen verpflichtet sich Frankreich, spätestens am 15. Tag nach der Mobilmachung einen Angriff auf Deutschland zu beginnen

**22. Mai**
Deutschland und Italien sichern sich im Stahlpakt militärischen Beistand auch für den Fall eines Angriffskrieges zu

**23. Mai**
Hitler erklärt vor den Spitzen der Wehrmacht, dass er bei nächster Gelegenheit Polen attackieren wolle. Nicht Danzig sei das Ziel, sondern »die Erweiterung des Lebensraumes im Osten«

**21. August**
Die Gespräche zwischen Frankreich, Großbritannien und der Sowjetunion über eine Dreier-Allianz gegen Hitler bleiben ergebnislos. Die Sowjetunion fordert für den Kriegsfall ein Durchmarschrecht der Roten Armee für Polen, was die polnische Regierung ablehnt

**23./24. August**
In Moskau unterzeichnen der deutsche Außenminister Joachim von Ribbentrop und sein sowjetischer Amtskollege Wjatscheslaw Molotow einen Nichtangriffspakt. Darin garantieren sich die beiden Mächte für den Kriegsfall Neutralität und teilen im Geheimen Zusatzprotokoll ihre Interessengebiete in Osteuropa auf

**25. August**
Großbritannien schließt einen Beistandspakt mit Polen. Nachdem Hitler diese Nachricht erhalten und von Mussolini erfahren hat, dass Italien nicht kriegsbereit sei, nimmt er den am Nachmittag gegebenen Angriffsbefehl gegen Polen wieder zurück. Der deutsche Aufmarsch wird im letzten Moment gestoppt

**1. September**
Um 4.45 Uhr nimmt das deutsche Linienschiff *Schleswig-Holstein* das polnische Munitionsdepot auf der Westerplatte in Danzig unter Beschuss. Damit beginnt der Zweite Weltkrieg. Die Wehrmacht marschiert ohne Kriegserklärung in Polen ein und führt einen Feldzug auch gegen die Zivilbevölkerung. Im Deutschen

**VERBRANNTES LAND** Deutsche Kradschützen bei einem Straßenkampf im September 1939 in Polen

Reich wird durch neue Erlasse und Gesetze ein Sonderstrafrecht geschaffen, das für eine nie da gewesene Zahl von Delikten die Todesstrafe vorsieht

**3. September**
Großbritannien und Frankreich erfüllen ihre Beistandspflicht gegenüber Polen und erklären Deutschland den Krieg

**7. September**
Die französische Armee stößt in Richtung Saarbrücken vor. Schon nach wenigen Tagen wird der Angriff abgebrochen

**17. September**
Sowjetische Truppen marschieren in Ostpolen ein. Die polnische Regierung flieht nach Rumänien

**27. September**
In Berlin wird das Reichssicherheitshauptamt gegründet, die Terrorzentrale des NS-Regimes. In Polen unterstehen ihm sieben Einsatzgruppen

**28. September**
Nach schweren deutschen Luftangriffen kapitulieren die letzten Verteidiger Warschaus. Am selben Tag unterzeichnen Deutschland und die Sowjetunion einen »Grenz- und Freundschaftsvertrag«: Litauen wird der Sowjetunion zugeschlagen, Gebiete um Warschau und Lublin fallen ans Deutsche Reich

**Oktober**
In einem auf den 1. September 1939 rückdatierten Schreiben erlaubt Hitler die Tötung kranker und behinderter Menschen in Deutschland. In Polen werden bereits Patienten aus Heilanstalten erschossen

**6. Oktober**
Die letzten polnischen Truppen kapitulieren bei Kock und Lublin

**9. Oktober**
Hitler ordnet die Vorbereitung einer Westoffensive gegen die Niederlande, Belgien, Luxemburg und Frankreich an. Der Angriff soll am 12. November beginnen, wird bis Mai 1940 aber mehrfach verschoben

**14. Oktober**
Das deutsche U-Boot U 47 unter Kommandant Günther Prien dringt in Scapa Flow ein, den Heimathafen der britischen Home Fleet, und versenkt das Schlachtschiff *Royal Oak*

**17. Oktober**
Sinti und Roma dürfen im Deutschen Reich ihren Wohn- oder Aufenthaltsort nicht mehr verlassen

**18./20. Oktober**
Zum ersten Mal rollen Deportationszüge in den Osten: Juden aus Kattowitz, Mährisch-Ostrau und Wien werden ins polnische Nisko verschleppt

**26. Oktober**
Im besetzten Polen wird das Generalgouvernement eingerichtet. Die westpolnischen Gebiete werden dem Reich angeschlossen

**8. November**
Im Münchner Bürgerbräukeller scheitert Georg Elsers Attentat auf Hitler

**30. November**
Die Sowjetunion greift Finnland an, der »Winterkrieg« beginnt

**17. Dezember**
Das deutsche Panzerschiff *Admiral Graf Spee* wird vor Montevideo von der eigenen Besatzung versenkt

# BIBLIOGRAFIE

## HITLER

*Volker Ullrich*
**Adolf Hitler**
*Die Jahre des Aufstiegs / Die Jahre des Untergangs*
In seiner zweibändigen Hitler-Biografie legt der Hamburger Historiker auf breiter Quellenbasis dar, wie Hitlers Wahn Europa ins Verderben stürzte
*S. Fischer Verlag, Bd. 1: Frankfurt a. M. 2013; 1088 S., 28,– €*
*Bd. 2: Frankfurt a. M. 2018; 896 S., 32,– €*

*Ian Kershaw*
**Hitler. 1936–1945**
Die Deutschen haben ihn gewollt: Der zweite Teil der Hitler-Biografie des britischen Historikers zeigt den Weg in den Krieg und ist ebenso sehr ein Porträt des Diktators wie der Gesellschaft, die ihn möglich machte
*Pantheon Verlag, München 2013; 1344 S., 24,99 €*

## 1939 UND DER WEG IN DEN KRIEG

*Zara Steiner*
**The Triumph of the Dark**
*European International History 1933–1939*
Die britische Historikerin fällt ein vernichtendes Urteil über Neville Chamberlains Appeasement-Politik: Diese schenkte nicht Großbritannien, sondern Hitler mehr Zeit zum Aufrüsten
*Oxford University Press, Oxford 2013; 1248 S., 32,– €*

*Rainer F. Schmidt*
**Die Außenpolitik des Dritten Reiches**
*1933–1939*
Das Buch fasst zusammen, wie das nationalsozialistische Deutschland die europäischen Mächte in den Weltkrieg trieb
*Klett-Cotta Verlag, Stuttgart 2002; 440 S., 25,– €*

*Claudia Weber*
**Der Pakt**
*Stalin, Hitler und die Geschichte einer mörderischen Allianz 1939–1941*
Die Autorin beschreibt das deutsch-sowjetische Bündnis und die daraus erwachsene Kollaboration zwischen Himmlers SS und Berijas NKWD im besetzten Polen
*C. H. Beck Verlag, München; erscheint im Juli 2019*

*Anna Kaminsky, Dietmar Müller, Stefan Troebst (Hrsg.)*
**Der Hitler-Stalin-Pakt 1939 in den Erinnerungskulturen der Europäer**
Wie wurde das deutsch-sowjetische Abkommen bei den Nachbarn aufgenommen? Dieser Band vergleicht die Rezeption in den Ländern Ost-, Mittel- und Westeuropas
*Wallstein Verlag, Göttingen 2011; 566 S., 39,90 €*

*Richard Overy*
**Die letzten zehn Tage**
*Europa am Vorabend des Zweiten Weltkriegs. 24. August bis 3. September 1939*
Das Buch rekonstruiert, wie atemlos Staatsführer und Diplomaten in den letzten Tagen vor dem Krieg verhandelten – und wie chancenlos der Frieden war
*Pantheon Verlag, München 2009; 160 S., 12,95 €*

*Walther Hofer*
**Die Entfesselung des Zweiten Weltkrieges**
*Darstellung und Dokumente*
Neuauflage des oft zitierten Standardwerks aus dem Jahr 1954, das die Rolle Hitlers bei der »Entfesselung« des Krieges betont. Der Band versammelt zahlreiche Dokumente
*Lit Verlag, Münster 2007; 504 S., antiquarisch*

*Peter Steinbach, Johannes Tuchel*
**Georg Elser**
*Der Hitler-Attentäter*
Das eindringliche Porträt beleuchtet den Weg Elsers in den Widerstand, die Vorbereitung und das Scheitern seines Attentats auf Hitler. Mit einem ausführlichen Dokumentenanhang
*be.bra Verlag, Berlin 2010; 368 S., 16,95 €*

## ZWEITER WELTKRIEG

*Jochen Böhler*
**Auftakt zum Vernichtungskrieg**
*Die Wehrmacht in Polen 1939*
Das Buch zeigt, dass Wehrmacht und Einsatzgruppen schon mit dem Feldzug gegen Polen 1939 die Schwelle zum Vernichtungskrieg überschritten – und nicht erst 1941 in der Sowjetunion
*Verlag Fischer Taschenbuch, Frankfurt a. M. 2006; 288 S., 12,95 €*

*Gerhard Schreiber*
**Der Zweite Weltkrieg**
Eine kompakte Einführung in die Vorgeschichte und den Verlauf des Zweiten Weltkriegs
*C. H. Beck Wissen, 5. Aufl., München 2013; 127 S., 8,95 €*

*Birthe Kundrus*
**»Dieser Krieg ist der große Rassenkrieg« Krieg und Holocaust in Europa**
Der gut geschriebene Band beleuchtet Hitlers Weg in das Inferno und zeichnet vor allem die Radikalisierung der Vernichtungspolitik gegen die Juden nach
*C. H. Beck Verlag, München 2018; 336 S., 18,– €*

*Dieter Schenk*
**Danzig 1930–1945**
*Das Ende einer Freien Stadt*
Ein reich bebilderter Band über den Aufstieg des

Nationalsozialismus in der vom Deutschen Reich getrennten Freien Stadt Danzig
*Ch. Links Verlag, Berlin 2013; 224 S., 30,– €*

## ZEITZEUGNISSE

*Gabriel Gorodetsky (Hrsg.)*
**Die Maiski-Tagebücher**
*Ein Diplomat im Kampf gegen Hitler 1932–1943*
Die Aufzeichnungen des sowjetischen Botschafters in London geben einen Einblick in die Politik der europäischen Mächte
*C. H. Beck Verlag, München 2016; 896 S., 34,95 €*

*Clemens Vollnhals (Hrsg.)*
**William L. Shirer: This is Berlin**
*Rundfunkreportagen aus Deutschland 1939–1940*
Der bekannte CBS-Reporter berichtete über die Stimmung der Deutschen zu Beginn des Krieges
*Gustav Kiepenheuer Verlag, Leipzig 1999; 416 S., antiquarisch*

# Fotos gesucht

Unsere Bilderserie auf den ersten Seiten stammt aus einem Fundus, den die **Gedenkstätte Haus der Wannsee-Konferenz** in Berlin aus privatem Besitz erhalten hat. Genau solche Dokumente aus dem Krieg gegen Polen 1939 – Fotos und Filme, Tagebücher oder Briefe – sucht und sammelt die Gedenkstätte, um sie gemeinsam mit der Freien Universität Berlin auszuwerten und zugänglich zu machen. So soll der Beginn des Zweiten Weltkriegs vor 80 Jahren ins Bewusstsein gerückt werden. **Besitzen Sie Zeugnisse,** die den deutschen Überfall auf Polen dokumentieren? Dann schicken Sie eine Mail an **sammelaufruf@ghwk.de**

Der deutsche Soldat Kurt Seeliger fotografiert am 8. September 1939 angebliche polnische Freischärler. Wahrscheinlich wurden die Männer nach der Aufnahme des Bildes exekutiert

## BILDNACHWEISE

Titel [M]: akg-images
S. 3 [M]: Andrea Ulke/MHM Dresden
S. 4/5: TT News Agency/akg-images (nachträglich koloriert); Vera Tammen für ZEIT Geschichte; Corbis via Getty Images
S. 6–13 [M]: Haus der Wannsee-Konferenz, Gedenk- und Bildungsstätte (15)
S. 14–19 [M]: Alamy/Stephen French/mauritius images
S. 20–25: CTK Photobank/SZ Photo (2); Scherl/SZ Photo/Bridgeman Images; Archiv Verlag Neue Kritik
S. 26/27: DHM, Berlin
S. 28–32: Hugo Jaeger/Timepix/The LIFE Picture Collection/Getty Images; David Low/Solo Syndication, Abb. vom British Cartoon Archive, University of Kent; Scherl/SZ Photo
S. 33 [M]: Keystone/ZUMA/imago
S. 34–37 (Ausschnitte): mauritius/ullstein bild; imago stock&people; Knorr + Hirth/SZ Photo
S. 38–41: United Archives International/imago [M]; Auswärtiges Amt, Politisches Archiv; ullstein bild (nachträglich koloriert)
S. 42–48 [M]: DHM, Berlin (3); AP/picture-alliance dpa; Alamy/John Frost Newspapers/mauritius images; Biblioteka Narodowa
S. 49 [M]: Keystone/Keystone
S. 50–55: Hugo Jaeger/Timepix/The LIFE Picture Collection/Getty Images (3); ullstein bild
S. 56: Heinrich Hoffmann/bpk; Bundesarchiv, Bild 183-E10457
S. 57 (Ausschnitt): ullstein bild
S. 58–63: Willy van Heekern/Fotoarchiv Ruhr Museum; ullstein bild via Getty Images (Ausschnitt); Scherl/SZ Photo
S. 64–70: Bundesarchiv, Bild 146-1968-034-19A; United States Holocaust Memorial Museum, courtesy of Instytut Pamieci Narodowej (3); Scherl/SZ Photo/Bridgeman Images; United States Holocaust Memorial Museum, courtesy of B. Ashley Grimes II
S. 71: Hanns Hubmann/bpk
S. 72–75: Muzeum II Wojny Swiatowej, Danzig; imago stock&people; Scherl/SZ Photo
S. 76/77: DHM, Berlin
S. 78–82: akg-images (nachträglich koloriert); Roger-Viollet/StudioX
S. 83 [M]: Tita Binz/ullstein bild
S. 84/85: Scherl/SZ Photo
S. 86–89: ullstein bild; SZ Photo
S. 90–94: United Archives International/imago [M]; Hanns Hubmann/bpk; TopFoto/ullstein bild
S. 95 [M]: Corbis via Getty Images
S. 96/97: Heinrich Hoffmann/Bayerische Staatsbibliothek/bpk
S. 98–103 (Ausschnitte): Michal Fludra/ZUMA Press/imago; Scherl/SZ Photo; ullstein bild; J. Dietrich/Panorama-Streetline.com/Fotofinder.com; Depositphotos; Alamy/UtCon Collection/mauritius images
S. 104–107: Michal Fludra/NurPhoto via Getty Images [M]; Anna Machcewicz; Dagmar Schwelle/laif
S. 108/109: SZ Photo
S. 110/111 [M]: Haus der Wannsee-Konferenz, Gedenk- und Bildungsstätte
S. 112: Arne Bellstorf für ZEIT Geschichte
S. 114 [M]: NASA; Eckehard Schulz/imago

## IMPRESSUM

Herausgeber: Benedikt Erenz, Christian Staas, Dr. Volker Ullrich
Berater: Prof. Dr. Norbert Frei, Dr. Theo Sommer
Chefredakteur: Frank Werner
Redaktion: Judith Scholter, Markus Flohr
Grafik/Layout: Dietmar Dänecke (verantwortlich), Maret Tholen (fr.)
Bildredaktion: Andy Heller
Korrektorat: Thomas Worthmann (verantwortlich)
ZEIT Geschichte
Zeitverlag Gerd Bucerius GmbH & Co. KG
Buceriusstraße, Eingang Speersort 1
20095 Hamburg
Telefon: 040 • 32 80-0
Fax: 040 • 32 71 11
E-Mail: DieZeit@zeit.de
Verlagsleitung: Sandra Kreft
Objektleitung: Malte Riken
Geschäftsführung: Dr. Rainer Esser
Vertrieb: Nils von der Kall
Marketing: René Beck
Presse- und Öffentlichkeitsarbeit: Silvie Rundel
Herstellung: Torsten Bastian (verantwortlich), Helga Ernst, Tim Paulsen
Repro: Andrea Drewes, Hanno Hammacher, Martin Hinz
Gesamtanzeigenleitung: Matthias Weidling
Anzeigenleitung Magazine: Maren Henke
Empfehlungsanzeigen: iq media marketing GmbH
Gesamtanzeigenleitung: Michael Zehentmeier
Anzeigenleitung: Anja Väterlein
Anzeigenpreise: ZEIT Geschichte-Preisliste Nr. 12 vom 1. Januar 2019
Druck: Firmengruppe APPL, appl druck, Wemding
Abonnement: Jahresabonnement (6 Hefte) 41,40 €, Lieferung frei Haus (Auslandsabonnementpreise auf Anfrage)
Abonnentenservice:
Telefon: 040 • 42 23 70 70
Fax: 040 • 42 23 70 90
E-Mail: abo@zeit.de
Diese Ausgabe enthält in Teilauflagen Publikationen folgender Unternehmen:
Pro-Idee GmbH & Co. KG, 52053 Aachen; RSD Reise Service Deutschland GmbH, 80687 München; WBG (Wissenschaftliche Buchgesellschaft), 64281 Darmstadt

## Arne Bellstorf: Landser-Logik

**MENSCHEN, MOND UND STERNE** Am 21. Juli 1969 spaziert Astronaut Edwin Aldrin auf dem Mond, fotografiert vom Kollegen Neil Armstrong. Schon 4000 Jahre zuvor ziert der Erdtrabant die Himmelsscheibe von Nebra

# Die Entdeckung des Himmels

## Von der frühen Astrologie bis zur Mondlandung: Wie der Mensch den Geheimnissen des Kosmos auf die Spur kam

Ein halbes Jahrhundert ist es her, dass die amerikanische Weltraum-Mission Apollo 11 Richtung Mond startete. Am 21. Juli 1969 landeten die Astronauten Neil Armstrong und Edwin Aldrin auf dem Mond und schauten von dort ins All. Ein uralter Menschheitstraum.

Seit jeher blicken Forscher in die Sterne und fragen sich: Was ist im Himmel? Was dahinter? Was bedeutet dies für das Leben auf der Erde, für die Menschen selbst? Schon die vier Jahrtausende alte Himmelsscheibe von Nebra gilt als Versuch, einen Blick in den Himmel zu werfen, der Orientierung und Sinn stiftet. Seitdem ist die Erde im Auge des Menschen immer kleiner und das Universum immer größer geworden.

Unser nächstes Heft beschreibt die Entdeckung des Himmels als aufregende Wissenschaftsgeschichte, von den alten Griechen bis zu Galilei, vom Stern von Bethlehem bis zu Einsteins Theorien, von Stonehenge bis Apollo 11.

**ZEIT Geschichte 3/2019:**
**Ab 28. Mai am Kiosk**